meditazioni

220

ANSELM GRÜN

# PICCOLA SCUOLA DELLE EMOZIONI

## Come i sentimenti possono infonderci vitalità

Queriniana

Titolo originale:
Anselm Grün,
*Kleine Schule der Emotionen.*
*Wie Gefühle uns bestimmen und was unser Leben lebendig macht*


via E. Ferri, 75 – 25123 Brescia (Italia/UE)
tel. 030 2306925 – fax 030 2306932
*e-mail*: info@queriniana.it



ISBN 978-88-399-2300-4

Traduzione dal tedesco
di ANNA BOLOGNA

www.queriniana.it

Stampato da Grafiche Artigianelli - Brescia

# *Introduzione*

Le emozioni ci fanno da motore. Portano movimento nella nostra interiorità. Non condizionano soltanto il nostro intimo, ma anche il nostro comportamento e il nostro rapporto con il mondo e con gli altri. La parola *emozione* viene dal latino *emovēre*, che significa «far uscire di posto, sconvolgere». Le emozioni spesso ci sconvolgono interiormente. Reagiamo in maniera emotiva a una critica. Oppure ci lasciamo trasportare dalle emozioni se qualcosa ci entusiasma o ci eccita, ma anche se, per esempio, siamo colpiti da un profondo dolore.

Molte persone soffrono per le loro emozioni. E alcuni rimproverano a chi ha delle forti emozioni di essere troppo emotivo. Il consiglio che si accompagna a questo commento è, per lo più, di farsi guidare di più dalla ragione. Viceversa, però, vale anche che, se qualcuno non dimostra la minima emozione, non possiamo instaurare un contatto con lui. Allora l'altro ci appare sempre soltanto con la sua facciata, ma non lo percepiamo come persona. Abbiamo l'impressione che dietro la facciata non ci sia vita. Ci sentiamo insicuri, perché non riusciamo ad intuire che cosa pensi davvero e che cosa provi nei nostri confronti.

L'emozione con cui qualcuno reagisce nei nostri confronti prende sul serio la nostra persona. Ci sentiamo capiti. Sentiamo di essere importanti per l'altro, ci rendiamo conto di scatenare una reazione dentro di lui. Se qualcuno reagisce senza la minima emozione nei nostri confronti, avvertiamo quest'atteggiamento, più che altro, come disprezzo verso di noi.

Nella psicologia odierna si parla di intelligenza emotiva o di competenza emotiva, intendendo con questi termini delle capacità sociali dotate di ripercussioni che si estendono addirittura a contesti aziendali ed economici. E tutti saranno d'accordo su una cosa: non è sufficiente guidare un'impresa o i collaboratori di un'azienda o di un'amministrazione servendosi unicamente della razionalità o di un piano razionale di efficienza. Anche i processi funzionali dipendono dalle persone ed è necessaria l'intelligenza emotiva per portare movimento in un'impresa. L'intelligenza emotiva è una fonte importante da cui trarre l'energia di un'impresa. È importante, poi, per valutare e comprendere esattamente i collaboratori. L'intelligenza emotiva consiste nel rapportarsi nel modo giusto alle emozioni dei miei collaboratori. Devo immedesimarmi nelle emozioni dei collaboratori per rispondervi in maniera adeguata. Di chi guida un reparto o un dipartimento senza intelligenza e competenza emotiva, diciamo: ha il tatto di un elefante. Calpesta i sentimenti dei suoi collaboratori e non si accorge affatto di quanto li ferisca e di quante cose distrugga con il suo comportamento.

L'intelligenza e la competenza emotiva, però, si ottengono soltanto se si conoscono le proprie emozioni e si sa gestirle bene. Devo sfogare le mie emozioni, ma, allo stesso tempo, reagire ad esse in maniera consapevole. Non devo farmi dominare dai miei sentimenti, ma usarli come fonte di energia. Ne sono capace, però, soltanto se esamino le emozioni e cerco di comprenderle. Allora non mi spaventeranno più, bensì avrò dimestichezza con loro e potrò gestirle in modo che accrescano la mia vitalità e la mia umanità.

Le persone che non hanno emozioni soffrono di freddezza emotiva, sono come pietrificate interiormente. Non sprigionano vivacità, né energia. Non mettono in moto proprio niente. L'entusiasmo, la forza dell'emozione, sono necessari per mettermi in movimento. Tutti i grandi della storia non hanno avuto solo la ragione, ma anche forti emozioni. È per questo che le loro parole e le loro azioni continuano a dirci qualcosa anche oggi. Ci toccano nelle nostre emozioni.

Parlare di emozioni, afferma Verena Kast, significa sempre parlare anche di se stessi: «Vivere la nostra emozione riguarda sempre anche la nostra identità, riguarda sempre anche noi come persona. Se non volessimo più lasciare spazio ad alcuna emozione, se cercassimo di spegnerle, saremmo persone che non si lasciano più toccare da nulla. Non lasciarsi più toccare da nulla vorrebbe dire non percepire più se stessi, ma anche non assumersi più alcuna responsabilità e non agire più» (Kast, *Freude*, 10). Lasciarsi coinvolgere emotivamente è una molla importante del nostro agire. Le emozioni, però, sono preziose anche in quanto tali. Provare le emozioni della gioia, della speranza, della fiducia e della soddisfazione è, già di per sé, una cosa buona. Nell'emozione percepiamo noi stessi. Sentiamo noi stessi e questo ci fa bene: «L'emozione è, *in primis*, una forma della percezione di sé» (Kast, 10).

Se leggete le riflessioni che scrivo a proposito delle emozioni, entrate in contatto con voi stessi. Scoprite, quindi, le vostre emozioni. E così scoprite voi stessi. In quanto segue, quindi, leggerete sempre anche qualcosa su di voi. Forse quello che ho scritto a proposito delle emozioni non corrisponderà sempre a quello che provate voi. In questo caso, le mie riflessioni sono un invito a verbalizzare le vostre personali emozioni con parole vostre.

Le emozioni sono sempre ambivalenti. Possono dominarci e paralizzarci oppure spingerci a mettere mano a qualcosa. Spesso non riusciamo a capirle esattamente. Del resto, non sono sempre chiare e nitide. Non a caso parliamo anche di «sentimenti contrastanti». Spesso abbiamo l'impressione che dentro di noi ci sia un magma di emozioni.

Se il titolo di questo libro parla della «piccola scuola delle emozioni», può voler dire: non siamo in balìa dei nostri sentimenti, ma possiamo imparare a gestire le nostre emozioni e ad esercitarci in questo. Possiamo allenarci anche nella vita quotidiana a prestarvi attenzione, ad esaminare e analizzare questi sentimenti informi e confusi, oltre a plasmare il «magma emotivo», perché ne nascano delle emozioni che ci portino alla vita – e che, attraverso di noi, portino alla vita anche altri.

Se non prendiamo sul serio le emozioni o se le rimuoviamo, spesso si fanno sentire in un modo che non ci fa bene. Quando i sentimenti ci travolgono, non siamo noi ad avere in pugno *loro*, ma sono loro ad avere in pugno *noi*. La cosa importante, invece, è vedere le emozioni come fonte della nostra vitalità e delle nostre azioni. Soltanto attraverso un esame accorto e attraverso la comprensione le emozioni possono chiarirsi e trasformarsi. E per la trasformazione è importante che manifestiamo agli altri le nostre emozioni, o presentandole a Dio nella preghiera, o aprendoci emotivamente agli altri nel dialogo.

Sono proprio le emozioni più violente che vogliono darci la spinta a lavorare per un futuro migliore. Nelle mie emozioni reagisco alla realtà, alle persone che mi affascinano o mi feriscono, alle condizioni della società, alle situazioni della mia vita.

L'emozione vuole sempre farmi uscire dal frangente attuale. Vuole donarmi una nuova prospettiva, perché io guardi la realtà con occhi nuovi. Oppure vuole spronarmi a cambiare la situazione, a creare altre condizioni per la mia vita e per quella del mio prossimo. «Ogni singolo sentimento trasforma il mondo intero», ha detto una volta il filosofo Jean-Paul Sartre. Possiamo quindi farci spingere dalle nostre emozioni a rendere questo mondo più umano e più pieno di speranza.

Leggendo le mie riflessioni, badate sempre alla reazione suscitata nel vostro cuore. Non lasciatevi suggestionare dalle mie parole a provare una determinata emozione, ma concentratevi sulla vostra interiorità per capire quale emozione vi sia familiare. E poi riflettete su come abbiate affrontato quest'emozione finora e se, durante la lettura, scoprite per voi nuove vie per lasciare che le emozioni vengano a galla, per acquisire dimestichezza con loro e per vivere in un modo che consenta loro di divenire una fonte di energia, di vitalità e di gioia di vivere.

# Paura – un invito

*La paura può trasformarsi in un'amica che ci invita a trovare nuovi criteri per strutturare la nostra esistenza.*

La sensazione di paura è ben nota a tutti. La vita è cambiamento. Quando incominciamo qualcosa di nuovo, spesso non sappiamo se ne siamo all'altezza. Se dobbiamo rinunciare a qualcosa che conosciamo bene, in noi si insinua la sensazione che ci si prospetti una perdita. La paura fa parte dei sentimenti che non controlliamo, ma che possono sopraffarci. Appartiene ai sentimenti negativi di cui ci piacerebbe sbarazzarci. Ma non ci riusciamo. Non di rado facciamo l'esperienza: quanto più lottiamo contro di essi, tanto più si irrobustiscono. Per molti la paura è qualcosa da rimuovere. Credono che la paura sia qualcosa di patologico. È il primo errore di valutazione. La paura appartiene all'essere umano. Non ci sono persone senza paura. Senza paura, del resto, saremmo anche privi del senso della misura. Naturalmente ci sono paure che ci piombano addosso, ci paralizzano e ci tormentano. Da paure del genere vorremmo liberarci. La questione è come ciò sia possibile.

Il primo passo sta nel riconciliarsi con la paura e parlarle. Parlando con la paura, acquisto dimestichezza con lei. E capisco meglio di che cosa io abbia effettivamente paura. La paura vaga si fa più concreta. Se interrogo le mie paure di fare brutta figura con gli altri, di rivelare le mie debolezze, di commettere un errore di cui tutti si accorgeranno, nella paura scopro i miei bisogni. Ho il bisogno di fare bella figura con tutti, di essere perfetto e privo di difetti. Verbalizzando questo bisogno mi rendo conto di quanto sia lontano dalla realtà. La paura mi invita a distaccarmi dai bisogni esagerati e mi rimanda ai presupposti di fondo sbagliati che si sono cristallizzati nella mia mente. Un presupposto del genere potrebbe essere: «Non posso commettere errori, altrimenti non valgo nulla, altrimenti vengo rifiutato». L'enunciazione chiara dei miei presupposti di fondo mi dimostra quanto siano arbitrari. E così posso metterli in discussione. La paura, poi, mi invita a non definire me stesso in base alle persone e al riconoscimento da parte loro, ma a vedere il fondamento della mia esistenza in altri valori: nella chiarezza, nella sincerità, nell'autenticità. E la paura, in fondo, mi rimanda a Dio come vero fondamento della mia vita. Se ho il mio fondamento in Dio, riesco a sopportare che le persone mi rifiutino. Non devo accontentare tutti, solo per essere popolare ovunque.

A non darci pace sono anche altre paure. Una è quella della malattia. Ho paura di ammalarmi di cancro. Ormai non ci sono soltanto cliniche specializzate nella cura di pazienti tumorali, ma anche per coloro che soffrono della paura di ammalarsi di cancro. Questa paura non si può semplicemente reprimere, altrimenti mi perseguita ovunque. Anche qui la cosa da fare è parlarci. Nel pensiero seguo la paura fino alle sue estreme conseguenze e immagino che succeda davvero quello che temo. Può darsi che mi ammali di cancro. E allora? Mi farei davvero prendere dal panico? Oppure la malattia sarebbe una sfida a lottare per la mia salute e, al tempo stesso, a cambiare il mio atteggiamento verso la vita? Anche nella mia malattia sarò nelle mani di Dio e non ne sarò escluso. Se non reprimo ciò che mi fa paura e, nel pensiero, lo porto alle estreme conseguenze, posso però, allo stesso tempo, pregare Dio di proteggermi dal cancro, di benedire la mia salute e di custodirmi. La paura mi invita a vivere nella fiducia di essere sempre nelle mani di Dio e a distaccarmi dalla fissazione sulla malattia. La paura mi sfida a diventare consapevole della mia caducità. Prima o poi morirò. Quindi cerco di vivere con consapevolezza adesso, di essere presente nell'attimo e di percepire con tutto me stesso ogni incontro.

Il terapeuta ebreo Irwin Yalom dice che la paura della morte fa parte dell'essenza della natura umana. Una terapia che, come Yalom rimprovera a Sigmund Freud, rimuova la paura della morte, non può rappresentare un aiuto autentico per l'essere umano. Anche qui, però, è importante parlare con la paura della morte. Di che cosa ho paura, di fatto? Alcuni hanno paura della perdita di controllo. Altri hanno paura della sensazione di essere indifesi o del dolore fisico. Altri ancora hanno paura di lasciare soli il coniuge o i figli, perché credono che, senza di loro, questi non riuscirebbero a gestire bene la propria vita. Concretizzando la paura, posso, per ogni sua sfumatura, pregare Dio che mi accompagni anche nella morte, che provveda alle persone a cui un giorno, nella morte, dovrò dire addio. La paura, quindi, mi rimanda a tematiche esistenziali importantissime. Se le affronto, vivrò in maniera più consapevole e più attenta, oltre che più intensa.

Accanto a queste paure fondamentali ce ne sono molte altre che tornano regolarmente ad affiorare dentro di noi. Abbiamo paura di non riuscire a gestire la nostra vita, di non farcela con i soldi, di non essere all'altezza di quanto ci richiede il nostro lavoro, di non educare bene i bambini. Abbiamo paura che i figli finiscano sulla cattiva strada. Davanti a tutti questi timori, il metodo è lo stesso: parlare con la paura, immaginare che cosa succede se si verifica ciò che paventiamo. E poi presentare la paura a Dio. Chiedete dunque alla paura: Che cosa significa non riuscire a gestire la vita? Ho paura di non avere l'energia necessaria per la vita quotidiana? Ho paura di non riuscire a garantire la base economica per la mia esistenza? Se parlo con le paure, posso intraprendere passi concreti perché la paura diminuisca. Posso riflettere su che cosa mi serva per garantirmi il minimo indispensabile per vivere, su che cosa possa fare, in concreto, per ottenerlo. E, attraverso la paura, posso continuare a scoprire dentro di me la fiducia, che si accompagna sempre al timore. Nessuno ha soltanto paura, nessuno ha soltanto fiducia. Posso pregare Dio di donarmi fiducia nel bel mezzo della mia paura. I primi monaci trasformavano la paura sovrapponendovi le parole della Bibbia. Alla paura degli altri, delle loro critiche, della loro natura prepotente sovrapponevano le parole del *Sal* 118: «Il Signore è per me, non avrò timore: che cosa potrà farmi un uomo?». Questo versetto non scaccia la paura. Attraverso la paura, però, porta alla fiducia già pronta in fondo alla mia anima.

Il problema del nostro tempo è che tendiamo a patologizzare subito i sentimenti negativi. Interpretiamo subito la paura come malattia. La paura, però, fa parte di noi e ci rende umani. Certo, esiste anche una paura patologica. Chi soffre di attacchi di panico ha bisogno di un sostegno terapeutico. A volte un certo aiuto può venire dai farmaci. Anche in questi casi, però, è importante scoprire il motivo degli attacchi di panico. Spesso a sopraffarmi è la paura della paura stessa. Se però mi rendo conto della paura e la esamino in modo consapevole, di solito non arriverà a trasformarsi in un attacco di panico. E se sono davvero colto dal panico, mi concedo di fare una pausa e basta, di non essere in grado di fare nulla. In tal modo l'attacco di panico, potrebbe trasformarsi in un invito a uscire, per un attimo, dalla ruota impazzita della mia esistenza. Forse, attraverso l'attacco, la mia anima si ribella ad una vita che io stesso mi sono accollato, ma che mi schiaccia. Anche in questo caso il panico potrebbe essere un invito a trovare la mia misura e a reagire con più serenità a quanto mi richiede la vita.

La paura può trasformarsi in un'amica che ci invita a trovare nuovi criteri per strutturare la nostra esistenza e che ci dimostra: non abbiamo il controllo assoluto sulla nostra vita, sui nostri sentimenti, sul nostro corpo. Dobbiamo affidarci alla benedizione di Dio. La paura dimostra che dipendiamo dall'aiuto di Dio. Allo stesso tempo, però, porta anche alla fiducia che la presenza benefica di Dio ci circonda sempre e ovunque e che non potremo mai e poi mai essere esclusi dalle sue mani buone.

# Antipatia – vedere con altri occhi

*È nostro compito guardare l'altro con più attenzione e osservare noi stessi rispecchiandoci in lui.*

Alcune persone ci sono simpatiche di primo acchito, contro altre, invece, sviluppiamo sin dall'inizio un'antipatia. La parola «antipatia» viene da *antí* = contro e *páthos*, che significa sofferenza, dolore e passione. Il nostro sentimento interiore, la nostra passione si rivolge contro l'altro. Davvero, proviamo una sofferenza interiore quando pensiamo a lui. Il nostro intimo ha qualcosa contro quella persona.

Se ci interroghiamo sulle cause dell'antipatia, scopriamo spesso che l'altro rappresenta qualcosa che ci ricorda delle esperienze sgradevoli dell'infanzia. Forse ci ricorda il padre che alzava sempre la voce o la madre depressa. Allora l'antipatia che emerge spontaneamente è un campanello d'allarme interiore che non dovremmo avvicinarci troppo a quella persona. Non ci fa bene. Questa sensazione non va giudicata. È semplicemente un impulso interiore, secondo cui è meglio non aprirci a quella persona. La causa della sensazione di antipatia, però, può anche essere che l'altro ci ricorda dei lati di noi stessi che non ci sono simpatici. L'altro ci mostra i nostri lati d'ombra che abbiamo rimosso. Siccome non amiamo guardare i nostri lati d'ombra, non vogliamo avere nulla a che fare con chi ce li ricorda.

La sensazione di antipatia si forma in noi senza che possiamo farci niente. Non dobbiamo quindi condannarci a causa di essa. Non è colpa nostra. È una nostra responsabilità, però, come gestiamo questa sensazione. Non dobbiamo inchiodare alla nostra antipatia colui verso il quale proviamo questo sentimento. Non dobbiamo rifiutarlo come persona. È invece nostro compito guardarlo con più attenzione e osservare noi stessi in lui quale specchio. Allora continueremo a sentire che è antipatico. Ma ammettiamo che abbia dentro di sé anche dei lati diversi e amabili. Non rimuoviamo la nostra antipatia. Ce ne rendiamo conto, le consentiamo di esistere, cercando allo stesso tempo di prenderne le distanze e di osservare l'altro con occhi benevoli. Se lo guardo con gli occhi della fede, scoprirò in lui anche dei lati buoni. Per lo meno crederò che, dietro la facciata antipatica, si nasconda un nucleo di bontà. E se credo a questo nucleo di bontà, riesco a immaginare quanto quella persona soffra a causa di se stessa. La sofferenza che sento dentro di me nell'antipatia rimanda in fondo alla sofferenza nell'altro. Soffre dei suoi lati antipatici. Forse non è antipatico soltanto a me. Ha in sé qualcosa che gli mette contro le altre persone. Sopportare una cosa del genere non è così facile. Se entro in contatto con questa sofferenza dentro di me e dentro di lui, nel mio cuore l'antipatia si trasformerà in compassione. E contemporaneamente, nella compassione, si cela la speranza che l'altro possa lentamente sbarazzarsi dei suoi lati negativi, che scatenano l'antipatia. Allora gli auguro che trovi l'armonia con se stesso, che diventi simpatico a se stesso, suscitando così anche negli altri simpatia invece di antipatia.

# Rabbia – un'energia utile

*La rabbia ci aiuta a prendere le distanze da parole o avvenimenti negativi.*

*La rabbia è anche un impulso a cambiare le cose. E ci rammenta i nostri lati d'ombra, perché facciamo la pace con essi.*

Un sentimento che torna sempre ad assalirci è la rabbia. La parola tedesca *Ärger*, rabbia, viene da *arg* che significa «cattivo, malvagio, di cattiva qualità». È inoltre collegata alla radice *ergh-*, che significa «tremare, essere scosso da un tremito, essere in preda ad una violenta agitazione». Arrabbiarsi, secondo questa etimologia, significa perciò: fare qualcosa di cattivo, di malvagio. Arrabbiandomi peggioro ancora di più ciò che mi fa arrabbiare. Per così dire, ingigantisco sempre di più la rabbia. E poi vedo gli avvenimenti attraverso una lente scura che individua ovunque soltanto l'aspetto cattivo e malvagio.

«Arrabbiarsi», però, è anche un verbo riflessivo e significa quindi che sono io ad arrabbiarmi. È quindi mia la decisione di arrabbiarmi o meno per qualcosa. Sono io ad influire sul mio comportamento. Ma questo vuol dire che la responsabilità di arrabbiarsi o meno è la mia. Certo, non possiamo impedire che una persona o un contrattempo ci facciano arrabbiare. La prima reazione non è in nostro potere. Passare tutta la giornata a tenere dei monologhi o a infuriarci sempre di più, però, è una responsabilità nostra. La rabbia ha a che fare con l'aggressività. In realtà la rabbia vuole invitarci a gettare fuori dal nostro cuore ciò che ci ha fatto arrabbiare, a liberarci da ciò che ci provoca la reazione di rabbia. Nella rabbia è insita un'energia che ci aiuta a prendere le distanze da parole o avvenimenti negativi. E talvolta la rabbia è anche un impulso a cambiare le cose. Se mi arrabbio che nell'amministrazione si ripetano gli episodi in cui qualcosa va storto, la rabbia mi spinge a tenere una riunione per discutere del problema. Allora la rabbia aiuta a trovare una soluzione migliore.

Una volta Hermann Hesse ha detto: «Ciò che non è dentro di noi, non ci fa neanche arrabbiare». Spesso la rabbia dimostra che la persona che ci fa arrabbiare tocca una parte di noi che non riusciamo ad accettare. La rabbia ci rammenta i nostri lati d'ombra, perché facciamo la pace con essi. L'emozione, quindi, è uno specchio in cui devo guardare attentamente me stesso. Questo, però, è soltanto un aspetto della questione. Se assolutizzassi la frase di Hermann Hesse, significherebbe: «È sempre colpa mia se mi arrabbio. In me qualcosa è fuori posto. Devo sempre, quindi, controllare dentro di me che cosa non vada bene». Ma la rabbia può avere ancora un'altra funzione. La rabbia è la forza di prendere le distanze da persone che hanno un'aura negativa. Se qualcuno mi fa continuamente arrabbiare, posso anche chiedermi: «Quanto dev'essere insoddisfatto se mi critica continuamente? Quanto dev'essere ferito se mi ferisce continuamente? Come deve sentirsi dentro se emana una tale mancanza di purezza e tante cose sgradevoli?». Se mi rivolgo questi interrogativi, la mia rabbia mi invita a prendere le distanze dall'altro. Può benissimo essere insoddisfatto, ma io lascio l'insoddisfazione con lui. È un problema suo.

Una rabbia del genere ci viene descritta nel *vangelo di Marco*. Quando Gesù vuole guarire l'uomo con la mano paralizzata, i farisei lo osservano per accusarlo. Allora Gesù guarda ognuno di loro «con indignazione, rattristato per la durezza del loro cuore» (*Mc* 3,5). La rabbia qui si trasforma in indignazione. Questo sentimento, però, non porta Gesù a gridare contro i farisei. L'indignazione, invece, è la forza con cui Gesù prende le distanze dai farisei, continuando però a fare ciò che ritiene giusto. È come se dicesse: «La vostra durezza è un problema vostro. Siete voi a essere così. Io invece compio la missione che mi è stata affidata da Dio. Non vi do nessun potere». La rabbia, quindi, dà a Gesù la capacità di liberarsi dal potere dei farisei. Ma non si limita a prendere le distanze. Sentendosi rattristato, prova compassione per loro. È come se tendesse loro una mano. Non dà loro nessun potere, ma non li abbandona. Vorrebbe fare un percorso anche con loro. I farisei, però, rifiutano la mano tesa. Persistono nella loro condanna. Escono e decidono di uccidere Gesù.

Tenendo a mente questa storia del vangelo, resta la domanda: come possiamo gestire la nostra rabbia nella quotidianità? Ci sono diversi modi. Uno è acquisire consapevolezza della rabbia e interrogarla su che cosa voglia dirmi: è un impulso a prendere le distanze dall'altro o a cambiare qualcosa? O forse devo esprimere la mia rabbia, dialogare con l'altro per riuscire a chiarire qualcosa? Oppure la mia rabbia mi invita ad essere consapevolmente in me stesso, a non dare tanto potere all'altro e alle circostanze esterne? Non si tratta quindi di reprimere la rabbia. Devo prima vedere che cosa si celi dietro di essa. Ciò significa che devo parlare con la mia rabbia per chiarire che cosa voglia dirmi. Quando l'avrò capito meglio, potrò anche gestirla in modo diverso ed esprimerla in maniera adeguata. La cosa importante, però, è trovare una strada per darle voce.

Una professoressa scriveva sempre il verbale del collegio docenti. Dopo essersi ammalata di cancro, decise per il futuro di non accollarsi più questo compito. Il preside, però, le disse che nessuno era bravo quanto lei e che doveva tornare a svolgere quell'incarico. La professoressa si arrabbiò, ma continuò effettivamente ad occuparsi del verbale. Con me si lamentò che il preside non aveva preso sul serio la sua richiesta. Le risposi: «È lei che non si è presa sul serio. Se si arrabbia, è anche una sua responsabilità esprimere la rabbia in modo così palese che il preside sia costretto a prenderla sul serio».

Naturalmente resta la questione di come io esprima la rabbia. Talvolta può essere una buona idea esprimere la rabbia anche davanti agli altri. Devo però esprimerla in maniera adeguata, vale a dire: in relazione alla persona che l'ha scatenata. Spesso riversiamo la rabbia addosso a persone che non c'entrano niente, soltanto perché si è accumulata dentro di noi. Questo non è un modo adeguato di esprimerla. Altri, quando si arrabbiano, esplodono. Dopo l'esplosione, però, devo raccogliere i cocci. Anche questo non serve a molto. Non devo quindi farmi condizionare dalla rabbia, bensì esprimerla attivamente, in un modo che abbia ripercussioni positive.

Un'altra strada sta nel liberarsi dalla rabbia. Esiste una rabbia che non possiamo canalizzare per cambiare una situazione. Si è semplicemente accumulata. Allora può essere utile camminare per liberarsi dalla rabbia. Altri la buttano fuori gridando quando sono soli in macchina. Altri ancora se ne liberano spaccando la legna. Un'attività fisica può aiutarci a liberarci dalla rabbia che vorrebbe sedimentarsi non soltanto nella nostra anima, ma anche nel nostro corpo. Ciascuno deve trovare la propria strada per gestire la rabbia. Non dovremmo arrabbiarci per il fatto che ci arrabbiamo, bensì trovare delle strade per gestire questo sentimento in modo creativo. La rabbia ha sempre un senso. Ciò che conta è riconoscerlo e poi impiegare la rabbia in maniera sensata per cambiare la situazione che ci ha irritato.

# Sentirsi offesi – feriti nella propria dignità

*La sensazione di sentirsi offesi è un profondo dolore.*

*Con la reazione dell'essere offesi puniamo le persone che non ci considerano quanto ci saremmo aspettati da loro.*

Quando parliamo di offesa, spesso la colleghiamo a un rimprovero rivolto a un'altra persona: «Mi hai offeso. Hai calpestato la mia dignità. Le tue parole sono un insulto per me come uomo, come donna, come straniera». Talvolta, però, sono quelli che ci hanno ferito a rimproverarci di fare gli offesi. Dicono che non intendevano quello. Non ci hanno davvero offeso, siamo soltanto noi a reagire così perché non siamo stati tenuti in conto come ci aspettavamo.

Offendere significa fare del male a qualcuno, recargli un oltraggio e ferirlo. Se qualcuno mi ferisce, calpesta la mia dignità di essere umano. Mi mette in ridicolo, mi rivolge parole di disprezzo, mi svilisce. Tutto ciò scatena dentro di me il sentimento negativo: mi sento ferito, disprezzato e mi ritiro in me stesso. Non riesco più a parlare con chi mi ha offeso. Mi proteggo da lui, perché potrebbe ferirmi ancora di più. Il sentirsi offesi è un profondo dolore. Non sono stato visto per come sono, ma incasellato in uno stereotipo. E mi è stata tolta la mia dignità di persona.

Quanto possa essere forte la sensazione di essere offesi e a quali reazioni violente possa portare lo ha dimostrato la testata che il giocatore della nazionale francese Zidane ha dato all'italiano Materazzi durante la finale dei mondiali di calcio del 2006, perché l'avversario lo aveva provocato con parole insultanti. Con quella reazione il calciatore voleva difendere la sua dignità e il suo onore. Che non sia la strada giusta, era chiarissimo non soltanto all'arbitro, ma anche a tutti gli altri giocatori e agli spettatori. L'esempio, però, dimostra quanto profondamente la sensazione di essere offesi ci sconvolga e che cosa possa scatenare dentro di noi.

A volte ci sentiamo offesi benché oggettivamente nessuno ci stia facendo del male. Ci sentiamo offesi se non veniamo abbastanza considerati, se ci viene preferito un altro oppure se non otteniamo l'affetto che ci aspettavamo. Per reazioni del genere, nella lingua parlata ci sono tante espressioni: quello lì «fa l'offeso», «se la prende», quella lì «tiene il broncio» perché non viene presa abbastanza in considerazione.

Con la reazione dell'essere offesi puniamo le persone che non ci considerano quanto ci saremmo aspettati. Se reagiamo così, ne risente anche la nostra comunicazione. Non riusciamo più a parlarci. Ci rimproveriamo a vicenda di ferirci. L'altro ci ha ferito offendendoci. L'altro, a sua volta, si sente ferito perché crede che la nostra reazione di sentirci offesi sia esagerata e che quindi non possa parlare con noi ragionevolmente.

In casi del genere sarebbe bene prendere le distanze, interiormente, da questa situazione e dalla sensazione di essere offesi, per esaminare in modo razionale che cosa è appena accaduto. Allora, con distacco, riusciamo a capire meglio che cosa volesse dire davvero l'altro con le sue parole e perché ci abbiano tanto ferito. A questo punto non dobbiamo scusarci perché ci sentiamo offesi. È la nostra reazione. E l'altro deve rispettarla e capirla. Solo allora riusciremo ad avere un comportamento reciproco improntato a una maggiore attenzione.

# Amarezza – veleno per i pensieri e i sentimenti

*Per guardare l'amarezza dell'altro e trasformarla ci vuole pazienza.*

*Abbiamo bisogno della speranza che l'altro si stacchi dall'amarezza se sente di essere accettato e amato.*

La parola tedesca *bitter*, amaro, viene da *beißen*, mordere. In origine significa «così piccante che morde la lingua». «Mordere» ha una connotazione negativa: significa azzannare qualcuno, ferirlo. Se una cosa ha un sapore amaro, la rifiutiamo. Ma chi lascia che dentro di sé entrino troppi bocconi amari, si amareggia, prova dentro di sé un'enorme amarezza. Quando gli parlo, lascia un retrogusto amaro. È diventato amaro lui stesso. Dalle persone amare cerchiamo di proteggerci. Abbiamo paura che ci trasmettano la loro amarezza, mordendoci e ferendoci.

Parliamo di amarezza se siamo colpiti da un grande dolore. È un boccone amaro per noi. Non ci piace per nulla. Non per forza, però, l'essere colpiti da qualcosa di amaro ci riempie di amarezza. Cerchiamo di trasformare il boccone amaro per tollerarne il sapore. La Bibbia ci racconta una storia bellissima in cui qualcosa di amaro è trasformato in qualcosa di dolce. Il popolo di Israele aveva appena attraversato il Mar Rosso. «Camminarono tre giorni nel deserto senza trovare acqua. Arrivarono a Mara, ma non potevano bere le acque di Mara perché erano amare» (*Es* 15,22s.). Il popolo mormorò ed era pieno di amarezza verso Mosè e Jahvé, che lo aveva fatto uscire dall'Egitto. Lì, infatti, c'era acqua da bere a sufficienza per tutti. Su ordine del Signore, Mosè gettò nell'acqua un legno e l'acqua divenne dolce. I Padri della chiesa hanno interpretato questa scena riferendola alla croce. Il legno della croce rende dolce l'amarezza dell'essere umano. Se, nel bel mezzo di un amaro dolore, volgiamo lo sguardo all'amore di Gesù, che diventa visibile sulla croce, l'amarezza interiore si trasforma in dolcezza. Allora ci sentiamo amati nel nostro dolore. E l'amore addolcisce quanto è amaro. Nel *vangelo di Giovanni*, Gesù sulla croce beve l'amarezza dell'essere umano, per addolcire ogni cosa amara attraverso la sua passione. Beve l'aceto amaro dell'umanità e lo trasforma in amore per mezzo della sua morte in croce. Quest'amore poi si riversa su di noi dal suo cuore aperto.

Se una persona è piena di amarezza, glielo leggiamo in faccia. Il suo viso è amaro. Si è indurito. Dai suoi occhi ci viene incontro quest'amarezza interiore. Per noi è sgradevole avere contatti con persone amare. L'amarezza è come un veleno che intossica i pensieri e i sentimenti di una persona. Da una persona del genere sentiamo soltanto parole amare. Le persone amare non riescono a sopportare se siamo allegri e dimostriamo il nostro buon umore. Vorrebbero intossicare anche noi con il veleno della loro amarezza, rovinandoci la nostra allegria. Dicono che noi non abbiamo idea di che cosa sia davvero la vita. La vita è ingiusta. Le persone sono cattive. E la nostra allegria non è altro che un autoinganno. In casi del genere si tratta di vedere che cosa è più forte: il veleno della persona amara o il nostro amore che, come per Gesù sulla croce, sconfigge la sua amarezza, trasformandola in dolcezza. È come una lotta di potere tra l'amarezza e l'amore, tra la persona amara, che vuole aggrapparsi alla sua amarezza e ha bisogno di alleati per farlo, e chi è ricolmo d'amore e non vuole soltanto sottrarsi al veleno dell'amarezza, bensì è disposto a guardare l'amaro dell'altro e a trasformarlo. Per riuscirci ci vuole molta pazienza e la speranza che l'altro si stacchi dall'amarezza se sente di essere accettato e amato.

# Gelosia – ferite della mia vita

*Se concedo alla mia gelosia di esistere e le parlo, essa poco a poco si trasforma in fiducia e in amore sempre più profondo.*

Diceva Goethe: «La gelosia è una passione che ricerca con zelo ciò che crea patimento» (etimologicamente, la parola *gelosia* deriva da *zelo*). La gelosia, quindi, è una forza che ci fa da motore. Se però ci lasciamo dominare da questa passione, essa ci porta a soffrire. E se ha un carattere patologico di dipendenza, genera patimento per noi e per le persone oggetto della nostra gelosia.

La gelosia, talvolta, è affine all'invidia. Diciamo che qualcuno è geloso di chi è al centro dell'attenzione. In senso stretto, però, intendiamo sempre la gelosia nel contesto di un amore o in riferimento ad una relazione. Alcuni psicologi parlano anche di invidia da relazione. Dietro quest'emozione si nasconde la paura di essere costretti a condividere l'affetto di una persona con qualcun altro, che secondo noi non lo merita. Oppure temiamo di perdere del tutto l'affetto di una persona amata. La moglie è gelosa del marito, oggetto di sguardi estatici da parte di altre donne. Il marito è geloso della moglie, perché gli altri uomini la ammirano e parlano della sua bellezza. La gelosia affiora in noi, che lo vogliamo o no. Spesso è soltanto nell'immaginazione, che però si sovrappone alla realtà e impedisce di vederla per quello che è. Molti sono spinti dalla gelosia ad atti irrazionali, talvolta persino all'omicidio. Sono, per così dire, posseduti dalla gelosia. Altri non vogliono essere gelosi. La ragione dice loro che non hanno motivo di provare gelosia. E in un ideale d'amore che lascia libero il *partner* o la *partner*, la gelosia rappresenta secondo loro una debolezza. Spesso, però, è impossibile scacciarla con le argomentazioni razionali. Affiora in noi e basta. Una donna mi ha raccontato che la sua gelosia la faceva arrabbiare moltissimo. A casa immagina che una delle segretarie monopolizzi suo marito o addirittura lo seduca. Fa regolarmente delle scenate al marito. Benché sappia di potersi fidare di lui, questo sentimento che le rode l'anima torna sempre ad affiorare. Sa benissimo che così nuoce a se stessa e al suo matrimonio, ma quando è sola in casa immagina che cosa potrebbe succedere nell'ufficio del marito. Non riesce a sbarazzarsi di queste fantasie. Esse si fissano nella sua mente.

Non ha senso reprimere la gelosia o limitarsi a cercare di scacciarla a furia di argomentazioni razionali. Tornerà sempre a riaffiorare. È più sensato, invece, avviare un dialogo con essa. Invece di lasciarmi trasportare dalle fantasie della gelosia, cerco di immaginarne, attivamente, le estreme conseguenze: se succede tutto ciò che immagino nella mia fantasia, che cosa capita? È davvero la fine di tutto? Forse, invece, la cosa mi costringe a tornare a me stessa, ad entrare in contatto con il mio intimo e a dirmi ad alta voce: io non sono soltanto la moglie di quest'uomo. Sono anche me stessa. Ho anche una dignità dentro di me. Mi farebbe male, ma non tutto dipende da quest'uomo. Invece di combattere la fantasia le concedo di esistere, affronto nella mente le sue conseguenze e, in questo modo, ritorno a me stessa, al mio Sé autentico.

Se smetto di giudicare la gelosia e svalutare me stesso perché sono geloso, spesso riconosco i motivi della mia gelosia. Spesso sono insiti nella storia della mia vita. Per esempio, in passato sono stato deluso e ferito nel mio amore. Questo mi rende diffidente e geloso. Ho paura di perdere l'altro a causa di un'altra donna, di un altro uomo. Ho paura di ritrovarmi solo/a, di essere ferito/a nel mio amore. Nel dialogo con la mia gelosia posso chiederle che cosa mi voglia dire: forse mi comunica che si prospetta un cambiamento nella relazione, oppure che sono io a dover cambiare. Posso anche interrogarla su quale sia l'anelito più profondo che si cela dentro di essa. Allora la gelosia potrà dirmi: vorrei che quest'uomo amasse soltanto me, vorrei avere mio marito tutto per me, vorrei avere la certezza assoluta che ami soltanto me. Ammettendo con me stesso o me stessa i miei bisogni, scopro che non sono realistici. Non posso chiudere mio marito in una gabbia perché guardi soltanto me. Avrà sempre a che fare anche con altre donne.

Posso soltanto continuare ad accettare la mia gelosia come invito ad avere fiducia che mio marito mi ami e, allo stesso tempo, a interpretarla come espressione del mio grande amore. La gelosia mi dimostra quanto sia profondo il mio amore per mio marito. Se lo ammetto, non mi infurierò contro la mia gelosia, ma mi lascerò invitare da essa a sentire il mio amore per mio marito e ad esserne grata. Allora smetterò di tormentarmi. Se concedo alla mia gelosia di esistere e le parlo, essa a poco a poco si trasforma in fiducia e in amore sempre più profondo.

Se la mia gelosia mi ricorda le ferite della mia vita, la prendo come occasione di esaminare le mie ferite e presentarle a Dio. Non mi condanno per la mia gelosia. Accetto me stesso/a con le mie ferite, le mie delusioni. Se la gelosia affiora, smetto di raffigurarmi nei minimi particolari che cosa, forse, stia pensando o facendo in questo momento mio marito o mia moglie, come reagisca ad altre donne o ad altri uomini. Consento alla gelosia di esistere e, nella meditazione, posso sovrapporle, per esempio, la preghiera di Gesù: «Gesù Cristo, Figlio di Dio, abbi pietà di me». Se sovrappongo questa parola alla gelosia per un tempo sufficiente, essa si trasformerà. E io sarò meno duro/a nei suoi confronti. Un'altra strada sta nel presentare la gelosia a Dio. Immagino che il suo amore si riversi nella mia gelosia, nelle ferite inflittemi nel corso della mia vita, e le guarisca.

# Solitudine – un'opportunità di crescita

*Se vedo la mia solitudine come sfida ad entrare in relazione con qualcosa di più grande di me, essa assume un significato nuovo.*

Oggi molte persone soffrono di solitudine. Si sentono raminghe, esposte ad ogni pericolo, isolate. La solitudine è brutta se sono privo di relazioni, se non sono in relazione né con le persone, né con Dio, né con me stesso, né con la natura. Allora mi sento davvero solo soletto, abbandonato da tutti, come abbandonato persino da mia madre. Se oggi parliamo di solitudine o dell'essere soli, questo ha spesso un aspetto negativo. La solitudine, però, è un tratto essenziale dell'essere umano. Ogni persona è unica. E in ogni esistenza ci sono situazioni in cui mi sento solo, in cui devo percorrere la mia strada in solitudine. Al più tardi, è la porta della morte che devo varcare da solo.

I poeti e i filosofi hanno visto la solitudine in un'ottica più positiva. Fa parte dell'essere umano. Paul Tillich, teologo evangelico, dice: «La religione è ciò che ciascuno fa della propria solitudine». La fede, quindi, non è collegata soltanto al senso di protezione, ma, in ultima analisi, è il tentativo di sfuggire alla solitudine e sentirsi sorretti, accompagnati e protetti da Dio. Anche Dag Hammarskjøld, politico e mistico svedese, scrive: «Prega che la tua solitudine si trasformi in pungolo a trovare qualcosa per cui vivere e grande abbastanza da poter morire per esso». Devo sfruttare la solitudine come pungolo che mi spinge a crescere al di là di me stesso. Se, nella solitudine, sono sempre e unicamente ossessionato da me stesso e dal fatto di essere solo, non sto bene. Ma se la vedo come una sfida ad entrare in relazione con qualcosa di più grande di me, assume un significato nuovo. Allora mi spinge o verso Dio o verso un'opera utile agli altri.

In tedesco ci sono due parole per dire «solo»: *einsam* e *allein*, affini l'una all'altra. Tutte e due hanno a che fare con la parola *eins*, uno. Questo termine non indica soltanto il singolo, ma anche la qualità dell'essere umano. L'essere umano è chiamato a diventare uno, nel senso di integro e completo. In origine, entrambe le parole hanno un significato positivo. Il suffisso *-sam* originariamente significa: «che è in accordo con qualcosa, che fa parte di un nesso logico». L'*Einsamer* quindi, letteralmente la persona solitaria, è chi è in accordo con se stesso e la sua unità interiore, che è interamente se stesso. In maniera analoga si può interpretare, rifacendosi a Peter Schellenbaum, la parola *allein*. Schellenbaum dice che è meraviglioso essere «*all-eins*», una cosa sola con il tutto. Chi, nella solitudine, è una cosa sola con il tutto, non soffre della sua solitudine, ma è in sintonia con se stesso e con tutto ciò che esiste. È in sintonia con Dio, il fondamento della sua anima, e con tutti gli uomini.

Hermann Hesse, poeta svevo, nelle sue poesie si è occupato del tema della solitudine. Sono suoi i versi: «Vivere è solitudine. Nessun essere conosce l'altro, / ognuno è solo»[1]. La solitudine, quindi, è parte essenziale dell'essere umano. Ci sono ambiti in cui l'altro non mi conosce, nemmeno se è mio marito o mia moglie. Anche nel matrimonio esiste la solitudine. In un'altra poesia, Hesse sviluppa l'idea di cosa significhino la solitudine e l'essere soli: «Puoi cavalcare e viaggiare / con uno o due compagni / L'ultimo passo / va fatto da soli. / Perciò nessun sapere, / nessun'arte è preziosa / quanto fare da soli / ogni cosa gravosa».

Pur con tutti i contatti che abbiamo, nelle nostre gite e nei nostri viaggi e nelle molte attività che viviamo insieme agli altri, non dovremmo mai dimenticare due cose: l'ultimo passo del nostro viaggio dobbiamo farlo da soli. È il passo per varcare la soglia della morte. E la somma sapienza sta nell'essere consapevoli che tutte le cose gravose le dobbiamo fare da soli. Ciò che ci tocca davvero nel profondo del cuore, ciò a cui ci spinge la coscienza, dobbiamo farlo da soli. Non possiamo lasciare la decisione a nessun altro. Dobbiamo decidere tutti soli e assumerci la responsabilità della decisione presa.

---

[1] H. Hesse, *Nella nebbia*, in *Poesie*, Mondadori, Milano 1997[10], 31 (traduzione di M. Specchio).

Chiunque si assuma delle responsabilità per altri, in un'azienda, in un'associazione, nella politica, ma pure in famiglia, sperimenta sempre anche una solitudine interiore. Non può spiegare agli altri tutto ciò che fa. Li ascolta, si consulta con loro. Ma poi arriva il momento in cui deve prendere la decisione. E non può prenderla in altro modo che da solo. È qualcosa che lo isola. Ci sono ambiti in cui nessuno può seguirlo. Ci inoltriamo in un mistero che non siamo più in grado di spiegare agli altri con le parole. A proposito di quest'esperienza Friedrich Nietzsche afferma: «Chi conosce l'ultima solitudine, conosce le cose ultime». La solitudine ci porta al fondamento di ogni essere. Lì sfioriamo il mistero del mondo, il mistero di Dio e il mistero di noi stessi.

La solitudine è un polo della nostra esistenza umana. Va accettato come sfida a diventare una cosa sola con noi stessi e, allo stesso tempo, a crescere oltre noi stessi in Dio. Chi affronta la sua solitudine la vive come un luogo in cui entra in relazione con tutto. La solitudine, perciò, può essere vissuta in maniera feconda soltanto se, allo stesso tempo, sperimentiamo un senso di protezione. Nella solitudine talvolta possiamo fare l'esperienza di essere sorretti da Dio, dal mondo, di non essere raminghi in questo mondo, ma al sicuro, perché questo mondo è pervaso da Dio stesso.

La parola tedesca *Geborgenheit*, senso di protezione, viene dal verbo *bergen*, riparare, proteggere, che a sua volta è collegato a *Berg*, montagna e a *Burg*, fortezza. Significa che veniamo tratti in salvo in una fortezza circondata da montagne, dove possiamo rifugiarci. Il senso di protezione equivale alla sicurezza, al sentirsi sorretti, protetti e al riparo. Gli psicologi constatano che oggi sempre più persone si sentono non protette e raminghe. Non hanno un luogo esteriore o interiore in cui sapersi protette e al sicuro. Si sentono esposte agli attacchi provenienti dall'interno e dall'esterno. Anche qui è bene, prima di tutto, sperimentare in se stessi il senso di protezione, percepire dentro di sé lo spazio protetto a cui gli aggressori ostili, che si tratti di persone reali oppure di pensieri e di emozioni, non hanno accesso. Chi riesce a sperimentare questo senso di protezione riesce anche a sentirsi bene stando da solo. Si gode la solitudine. Non è isolato, ma è una cosa sola con se stesso, con il mondo e con Dio.

# Disgusto – scegliere la vita

*Il disgusto può avere anche una funzione di avvertimento. Dobbiamo stare attenti, però, se il disgusto dentro di noi si trasforma in disgusto per la vita.*

Già pronunciando la parola «disgusto» proviamo una sensazione sgradevole. Disgusto significa repulsione per qualcosa. Nella sua forma più intensa, il disgusto è la nausea, lo stimolo a vomitare. Mentre in italiano e in francese ci sono due parole per descrivere queste sensazioni, il tedesco ha soltanto il termine *Ekel.* Teilhard de Chardin ha utilizzato più volte nelle sue opere entrambi i termini. Il primo è *dégoût*, disgusto. Etimologicamente, è il contrario del gusto, indica la mancanza di piacere e significa repulsione e dispiacere. L'altro termine è *nausée*, nausea In origine è un termine medico che indica l'impulso a vomitare scatenato dal disgusto per i cibi. Etimologicamente, la parola viene da *naus* e *navis*, che significa nave. È quindi il mal di mare che porta al vomito. Nel suo romanzo *La nausea*, Jean-Paul Sartre ha descritto il ribrezzo per la vita come sensazione esistenziale di fondo dell'uomo di oggi. I

Latini hanno un concetto specifico per questa sensazione, il *taedium vitae*. Significa il disgusto per la vita o anche un'abulia verso la vita, una vita ripugnante, che aborriamo.

L'esperienza descrittaci dal linguaggio la viviamo anche nel quotidiano. Proviamo disgusto per un cibo andato a male, per esempio del pane ammuffito. Talvolta, però, siamo nauseati anche da cibi che, in sé, sono buoni, ma tanto in contrasto con la sensazione che proviamo in quel momento che il nostro stomaco si ribella. È bene seguire questa riluttanza interiore, perché, se mangiassimo ciò che ci nausea, ci procurerebbe il vomito. Proviamo disgusto anche per una stanza disordinata o sporchissima o nei confronti di una persona che non cura l'igiene personale. Suscita in noi un sentimento negativo a cui ci risulta difficile sottrarci. Per quanto ci sforziamo di andare incontro all'altro con un cristiano amore del prossimo e di non giudicarlo, il ribrezzo è più forte. È come se ci facesse tirare fuori degli aculei di rifiuto. Ci ritiriamo in noi stessi per non farci contagiare dalla cosa o dalla persona che ci provoca repulsione.

Il disgusto passa soprattutto attraverso l'olfatto, il gusto e la vista. Esiste però anche il disgusto nel significato intellettuale. Siamo pieni di repulsione verso atteggiamenti brutali, verso la violenza, verso la bassezza e gli intrighi. Esiste una ripugnanza morale verso tutto ciò che va contro il nostro buonsenso e il nostro buongusto. Proviamo disgusto, per esempio, anche verso una ricchezza ostentata, che i ricchi mettono in mostra spudoratamente.

Ciò che i Latini definivano *taedium vitae* lo viviamo anche oggi. Ci sono persone che non hanno voglia di vivere, che aborriscono la vita, che provano disgusto verso l'esistenza. Per Tommaso d'Aquino il *taedium vitae* fa parte dei sette peccati capitali. Lo classifica come *acedia*, l'ignavia o abulia. In questo atteggiamento si oppone resistenza a tutto ciò che ci farebbe davvero bene, alla vita, alla salvezza offertaci da Dio, alla gioia. Ci si chiude alla vita e, in fin dei conti, ci si rinchiude in se stessi. In questo auto-isolamento tutto ciò che viene dall'esterno ci disturba. Ogni cosa non suscita altro che disgusto.

Il nostro compito è di gestire il disgusto in maniera adeguata. Spesso il disgusto è espressione della nostra resistenza interiore verso qualcos'altro. Il disgusto ci indica quali cibi ci facciano bene e quali no, in quali spazi stiamo bene e in quali no, con quali persone stiamo volentieri e con quali no. In questi casi è bene fidarsi del disgusto. Tuttavia non dovremmo consolidare il disgusto verso una persona. Il disgusto è la prima reazione della nostra anima. Poi, però, è importante accettare anche quella persona poco pulita e scoprire in lei la sua dignità divina. Il disgusto, però, ci spinge a far presente all'altro che, con la sua trasandatezza estrema, nuoce a se stesso. Un campanello d'allarme è quando il disgusto dentro di noi si trasforma in disgusto per la vita. Allora è necessario osservare con più attenzione questi sentimenti. Siamo disgustati dalla vita perché dentro di noi abbiamo delle altre idee di essa. Da queste idee dovremmo distaccarci per scegliere, davvero, la vita.

# Aridità emotiva – morte interiore

*Servono cautela e attenzione per scoprire i sentimenti che vivono come sotto lo strato di cemento della rimozione.*

*I sentimenti vogliono essere portati alla luce*

Esistono persone che sono inaridite interiormente. Non riescono a provare più nulla. Sono incapaci di entusiasmarsi per qualcosa. Tutti i sentimenti si sono prosciugati. Persone del genere ci suscitano l'impressione di essere morte interiormente. Senza emozioni l'essere umano appare morto. I sentimenti donano all'essere umano una tensione positiva. Gli fanno percepire la sua esistenza come dotata di senso. L'essere umano ha la percezione di se stesso nelle emozioni. Se queste ultime si inaridiscono e si seccano, però, l'essere umano non si sente più vivo. È come se la sua interiorità si pietrificasse.

Nell'accompagnamento spirituale mi capita spesso di incontrare persone che soffrono della propria aridità emotiva. Vorrebbero provare dei sentimenti. Ma non sentono niente, non riescono a gioire, anche l'afflizione non le tocca davvero. Talvolta quest'insensibilità emotiva è un sintomo di depressione. Nella depressione la vita dei sentimenti si pietrifica. L'aridità emotiva, però, esiste anche al di fuori della depressione. È, semplicemente, come se fosse reciso il legame con le emozioni. I sentimenti sono come una sorgente da cui zampilla vitalità. In alcuni, però, questa sorgente si è prosciugata.

Chi soffre di aridità emotiva vivacchia e basta. La sua vita non ha né picchi positivi, né abissi negativi. Tutto è uniforme. La vita scivola via lungo una strada polverosa. Anche il paesaggio è bruciato dal sole. Non c'è verde a rallegrare la vista. Persone del genere invidiano gli altri, che riescono a entusiasmarsi e a gioire.

Nei rapporti con gli altri sono indifferenti. Se si chiede loro che cosa provino nell'incontro con questa o quell'altra persona, rispondono: Niente. Non si rendono conto di come stia davvero l'altro. Sentono soltanto le parole, ma non percepiscono i sentimenti che si trovano nell'altro. Questo, nel dialogo, porta spesso a ferire gli altri. Le persone affette da aridità emotiva non vorrebbero fare del male agli altri, ma, se si trascurano completamente sentimenti di qualcuno e si reagisce soltanto in maniera razionale e asciutta, l'altro si sente offeso. Non si sente preso sul serio con i suoi sentimenti. Le sue emozioni vengono semplicemente ignorate. Alcuni di coloro che sono colpiti da aridità emotiva ne soffrono. Provano un senso di inferiorità verso gli altri. Altri, invece, non vogliono rendersi conto della propria aridità emotiva. A quel punto preferiscono ferire gli altri.

Rimproverano agli altri di essere melodrammatici o esaltati. Definiscono qualcuno una persona melensa oppure parlano con disprezzo di tipi emotivi con cui non si può fare un discorso sensato. In questo modo, però, cercano soltanto di distogliere l'attenzione dalla loro situazione di bisogno, caratterizzata da aridità e insensibilità emotive.

Nelle discussioni le persone insensibili non si rendono minimamente conto delle emozioni che muovono gli altri. Argomentando in maniera puramente razionale, suscitano negli altri rabbia e incomprensione. A loro volta gli altri, con i loro sentimenti, i loro desideri profondi e le loro richieste, non riescono a trovare ascolto. Esteriormente le persone inaridite e insensibili appaiono spesso forti. Non badano alle proprie emozioni. In realtà, però, assomigliano di più a robot senz'anima. Non si ricerca l'intimità con loro. E così queste persone finiscono per essere isolate.

Talvolta le persone insensibili avvertono la propria solitudine. Allora io cerco di richiamare la loro attenzione su tale percezione. Devono concentrarsi su questa sensazione di solitudine. Allora, quanto meno, provano un sentimento. Oppure dico loro di concentrare l'attenzione sul proprio corpo: che sensazione trasmette loro l'aridità? Persino l'aridità, in fin dei conti, è un sentimento. Persino l'insensibilità può essere avvertita e percepita. Se qualcuno soffre per la sua aridità emotiva, sente pur sempre qualcosa. Cerco allora di farlo avvicinare a questo sentimento. L'interessato, a questo punto, riconosce che non esiste nessuno che sia privo di sentimenti. I sentimenti forse sono poco pronunciati o inariditi. Ma, sotto la superficie secca, è possibile ritrovarli. Servono cautela e attenzione per scoprire i sentimenti che vivono sotto uno strato di cemento di sensazioni rimosse. I sentimenti vogliono essere portati alla luce. Cerco di concentrare la percezione su me stesso, per così dire scavando un buco nello strato di cemento e passandoci attraverso, per entrare in contatto con i sentimenti che si trovano sotto di esso. Allora, piano piano, i sentimenti possono venire a galla. E, nel bel mezzo di un campo inaridito, sbocceranno timidamente i primi germogli dei sentimenti, restituendomi la vitalità.

# Delusione – strappati all'illusione

*Siamo costretti a ricrederci quando la situazione ci obbliga a guardare meglio e a non esprimere giudizi sbagliati su una persona o su una situazione.*

La delusione è qualcosa da cui ben pochi vengono risparmiati. È un sentimento che può lasciare delle ferite profondissime e permanenti. A sua volta può scatenare emozioni molto violente, per esempio rabbia o disperazione. Come gestirla?

La parola tedesca *enttäuschen*, strappare ad un'illusione, fu coniata intorno al 1800 per sostituire due termini francesi: *désabuser*, aprire gli occhi a qualcuno, e *détromper*, far ricredere qualcuno. Spesso ci inganniamo nelle aspettative verso una determinata persona. La delusione nei confronti di qualcuno a cui abbiamo dato molto e di cui ci fidavamo, da cui ci aspettavamo che ci fosse leale e che si dimostrasse riconoscente nei nostri confronti, fa male. È doloroso dover dire addio ad un'immagine che ci eravamo fatti dell'altro. Eravamo sicuri che la nostra immagine corrispondesse alla natura autentica dell'altro. Ma la delusione è anche un'opportunità. Siamo strappati ad un'illusione. Ci vengono aperti gli occhi perché guardiamo in faccia la realtà. E ci dobbiamo ricredere. L'esperienza ci insegna a stare più attenti, per non esprimere un giudizio sbagliato su una persona o su una situazione.

Veniamo delusi dalle persone. Riponiamo in loro la nostra fiducia, ma poi quelle persone si comportano in tutt'altro modo da come ci aspettavamo. Ci remano contro. Ci feriscono. Non esaudiscono le nostre aspettative. La delusione è l'invito a vedere l'altro in modo più realistico. Non dobbiamo cadere nell'opposto della nostra sopravvalutazione e, a questo punto, sottovalutare l'altro o addirittura rifiutarlo. Dobbiamo imparare a vederlo in modo più realistico, senza esprimere su di lui un giudizio di valore. Non è così facile. La delusione si accompagna sempre al dolore e, non di rado, alla collera. Tale collera può renderci ciechi, così che, a questo punto, vediamo l'altro come un mostro e proiettiamo su di lui ogni sorta di qualità negative. Allora ci inganniamo di nuovo sul suo conto. Il punto, invece, è proprio quello di distaccarci dalle illusioni e di guardare in faccia la realtà.

Veniamo delusi anche se ci siamo preparati a un esame e veniamo bocciati o non otteniamo il risultato che ci aspettavamo. Allora siamo delusi da noi stessi. Ci siamo preparati all'esame, ma non siamo riusciti a dimostrare il nostro sapere in maniera adeguata. Che sia dipeso da noi o dall'esaminatore, in ogni caso qualcosa non è andato come avremmo voluto. Spesso siamo delusi da noi stessi anche quando non siamo perfetti come vorremmo, quando facciamo un errore, quando qualcosa, nel nostro cammino spirituale, non ci riesce. Anche in questi casi il nostro compito è quello di staccarci dalle nostre immagini di noi stessi, di vedere noi stessi in maniera più realistica e di accettarci. Non dobbiamo nemmeno sminuirci e svilirci, però. Siamo come siamo. Ci vuole umiltà per accettarci come siamo, con le nostre debolezze e i nostri punti di forza.

Il rischio è sempre quello che rimaniamo intrappolati nella delusione, che ci lamentiamo che tutto sia andato così storto, che quella persona ci abbia tanto deluso, che abbiamo fatto quell'errore, che abbiamo quella debolezza. Se facciamo così, però, nuociamo a noi stessi. Il modo giusto di gestire quest'emozione sarebbe: riconciliarsi con la delusione e riconoscere in essa l'opportunità di affrontare la verità, la verità nostra e quella delle persone che ci hanno deluso. La delusione vorrebbe aprirci gli occhi perché valutiamo noi stessi, gli altri e la situazione in maniera più realistica e costruiamo i nostri rapporti più realisticamente.

Nella mia attività di cellerario negli ultimi 35 anni anch'io ho vissuto varie delusioni. Ho aiutato delle persone e, a volte, non solo non ho ricevuto nemmeno un «grazie», ma ne ho avuto in cambio delle critiche, trovandomi a confronto con pretese esagerate. Ho sentito quale sfida spirituale sia per me non restare amareggiato e non indurirmi in seguito alla delusione. La delusione, quindi, mi mette davanti all'interrogativo di che cosa voglia io dalla vita. Riconoscimento e conferme? Oppure, malgrado dall'esterno ciò non venga percepito, non voglio piuttosto restare fedele alla mia natura autentica e creare intorno a me, nonostante le delusioni, un'atmosfera di fiducia e speranza? La delusione libera da tutte le tendenze egoistiche la mia aspirazione ad emanare un'aura di fiducia. Ciò che conta è rendere giustizia alla mia natura e ai miei ideali, senza puntare sul riconoscimento. La delusione mi libera quindi da ogni forma di egoismo, in modo che io diventi sempre più permeabile per lo Spirito di Gesù Cristo. Anche quest'obiettivo, però, può a sua volta venire idealizzato. Lungo il mio cammino per raggiungerlo tornerò più volte a fare l'esperienza di come molte cose in me si contrappongano alla permeabilità a Gesù Cristo. È qualcosa che va accettato con umiltà. E ciò che conta, a questo punto, è diventare permeabile a Gesù Cristo nei miei punti di forza e nelle mie debolezze.

# Commozione – profondità dell'anima

*Siamo interamente in noi stessi. In noi si diffonde una grande quiete.*

*Ogni tumulto dell'anima si placa, perché ciò che ci commuove ci porta al raccoglimento e ci fissa nel nostro baricentro interiore, in cui siamo interamente noi stessi.*

Commozione: capiamo davvero che cosa significhi questo sentimento se, per esempio, un film ci colpisce profondamente. Siamo toccati dalla storia, dalle immagini, dall'atmosfera. Qualcosa ci ha coinvolto, si è impadronito di noi. Non ci siamo potuti sottrarre all'impressione esercitata su di noi dagli eventi narrati. Oppure ci commuove una frase dettaci da un'altra persona. La sentiamo non soltanto con l'udito, ma ne siamo toccati nell'intimo. Ci colpisce direttamente al cuore. È qualcosa contro cui non abbiamo difese. Una canzone, un concerto, ci vanno diritti al cuore e ci commuovono. Non si tratta soltanto di un breve attimo di intenerimento. La commozione è qualcosa che dura a lungo. In questa condizione non ci è possibile parlare di cose superficiali.

Diventiamo silenziosi. Ci fermiamo e siamo interamente noi stessi. Facciamo l'esperienza di noi stessi in modo del tutto nuovo. Entriamo in contatto con la profondità della nostra anima. E non vogliamo subito riemergere da questa profondità per esistere soltanto in superficie.

Talvolta esprimiamo la nostra commozione portandoci le mani all'altezza del cuore. Con questo gesto dimostriamo dov'è che le cose ci commuovono: è il cuore, il centro della nostra persona e l'organo dei nostri sentimenti più profondi. Talvolta la commozione è tanto grande che ci viene da piangere. Il sentimento vuole esprimersi con le lacrime. Fa sì che qualcosa dentro di noi incominci a scorrere. Piangendo siamo interamente presenti nel pianto. Allora non riusciamo a fare nient'altro. In quella condizione non ci va di parlare con gli altri. Vogliamo assaporare le lacrime della commozione, lasciare ad esse libero corso. Ciò ci porta ad essere in grado di distaccarci da noi stessi. Non ci aggrappiamo più al nostro Ego. Siamo stati toccati nel centro della nostra persona.

Talvolta, però, esprimiamo la commozione ammutolendo e rimanendo interamente in noi stessi. Vogliamo seguire le tracce di ciò che ci ha tanto commosso. Sentiamo di essere stati toccati da qualcosa di molto importante. Dentro di noi è successo qualcosa di grande. Non possiamo semplicemente tornare all'ordine del giorno. Il seguire le tracce dell'emozione è un processo che avviene nel silenzio. Non abbiamo bisogno di tecniche di meditazione particolari. Ciò che vogliamo raggiungere nella meditazione ha già raggiunto noi nella commozione. Siamo interamente in noi stessi, interamente al centro del nostro Sé. In noi si diffonde una grande quiete. Ogni tumulto dell'anima si placa, perché ciò che ci commuove ci porta al raccoglimento. Ci tocca ancora nel nostro baricentro interiore, in cui siamo interamente noi stessi.

# Ostilità – la sfida dell'Ombra

*La persona ostile rifiuta il dialogo e preferisce trincerarsi dietro un carro armato, dal quale spara sugli altri.*

*Il rifiuto della comunicazione è la dichiarazione di fallimento dell'umanità.*

La parola tedesca per «ostilità», *Feindseligkeit*, ha come radice *Feind*, nemico, che etimologicamente significa «odiare». Il nemico è chi odia e, al contempo, anche l'odiato. Dato che lui mi odia, io odio lui. Il suffisso *-seligkeit* sembrerebbe rimandare al termine *Seligkeit*, che indica beatitudine. Sembrerebbe quindi che chi odia si sente beato, felice nel suo odio. Ma, etimologicamente, quest'interpretazione è errata. *Selig* è invece un suffisso derivato da *-sal*, come in *Trübsal*, afflizione, da cui *trübselig*, afflitto. L'ostilità è quindi una condizione di odio e di inimicizia. Vado incontro ad ogni persona con ostilità. Il sentimento di fondo con cui osservo tutte le persone intorno a me è l'odio. L'ostilità è uno stato d'animo che si impadronisce dell'intero essere. Esiste però anche l'ostilità limitata ad alcuni individui. Forse, per il resto, sono buono e allegro. Nei confronti di alcune persone, però, avverto dentro di me una profonda ostilità.

Il punto è come rapportarsi all'ostilità. Se percepisco dentro di me un'ostilità generalizzata, contro tutto e tutti, dovrei chiedermi: che cosa mi aspetto dalla vita? L'ostilità è forse, semplicemente, la ribellione contro la vita che conduco, contro le persone colpevoli della mia situazione? Ho l'impressione di essermi meritato una vita diversa? Allora l'ostilità sarebbe un invito a dire di sì alla vita e a me stesso, a dire di sì a questa realtà della mia vita e a distaccarmi dalle illusioni a cui indulgo.

Se sono ostile soltanto nei confronti di determinate persone, dovrei, senza esprimere subito un giudizio di valore, cercare semplicemente di rendermi conto del motivo: perché quella persona suscita in me ostilità? che cosa mi ricorda? che cosa, in lei, mi rende tanto ostile? Allora, probabilmente, scoprirò dei lati di me stesso che l'altro mi ricorda. Il mio compito sarebbe allora, prima di tutto, abbandonare l'ostilità verso me stesso, accettandomi amorevolmente così come sono. Se raggiungo la sintonia con me stesso, la sensazione di ostilità verso quella persona andrà scemando. La vedrò con occhi più compassionevoli. La persona allora non sarà più il nemico che odio, ma semplicemente qualcuno che mi ricorda dei lati di me che non ho accettato. A questo punto si trasformerà per me in una sfida ad accettare me stesso con tutti i miei lati d'ombra.

In economia parliamo di acquisizione ostile. In questo caso, un'azienda ne acquisisce un'altra. Ma non collabora con essa. Non si affida al dialogo, vuole semplicemente dimostrare il proprio potere, che si esplicita nel fatto che può comprare l'altra azienda e inglobarla. Non si cura della volontà dell'altra azienda e dei suoi dipendenti. Non accetta alcuna trattativa. L'ostilità è il rifiuto di dialogare con l'altro. Con la mia ostilità mi inimico gli altri. Allora la mia ostilità mi dà la conferma che sono io ad avere ragione, che con gli altri è impossibile parlare. Il motivo di tutte le tensioni che ne derivano in seconda battuta, però, è la mia ostilità e non l'incapacità dell'altro ad avviare un dialogo con me. La persona ostile non parla con il nemico. Un dialogo autentico, infatti, potrebbe far dissolvere il suo atteggiamento di inimicizia. Preferisce invece trincerarsi nella sua ostilità come dietro un carro armato, dal quale spara sugli altri. Questa, però, è la dichiarazione di fallimento di ogni umanità.

# Sentimento di libertà – in sintonia con me stesso

*Il senso di libertà significa sempre anche: sono libero di essere me stesso. Sono genuino e autentico.*

*Questo sentimento ci apre il cuore e ci mette le ali. Ci sentiamo liberi di volgerci alla vita.*

La libertà è una virtù. I filosofi hanno parlato del fatto che l'essere umano è libero. Dispone di un libero arbitro. Sanno anche, però, che la libertà è sempre limitata dai nostri modelli esistenziali, dalla rigidità della nostra educazione e dai limiti che ci pone il nostro carattere. La filosofia parla di libertà «da» e di libertà «di». L'obiettivo di una personalità matura, secondo questa visione, è quello di liberarsi dal dominio delle nostre emozioni e dei nostri bisogni, così come dal potere e dalle aspettative degli altri, oltre a non lasciarsi condizionare dal proprio egoismo. In senso positivo, la libertà invece si definisce come libertà *di* esserci *per* un determinato obiettivo, *di* spendere il proprio impegno a favore degli altri, *di* aprirsi all'amore.

Dalla virtù della libertà va invece distinto il sentimento di libertà. Non è la questione di come io possa raggiungere la libertà, se sia libero e possa decidere liberamente, bensì se mi senta libero. È un'esperienza che ci è consentito di fare, qualche volta: sentirsi completamente liberi. Allora non ci orientiamo secondo l'opinione degli altri. È una sensazione bellissima. Non mi chiedo ossessivamente che cosa pensino gli altri di me o come mi giudichino. Sono libero, allora, di essere interamente me stesso. Il sentimento di libertà significa sempre anche essere in armonia con me stesso. Sono libero di essere me stesso. Sono genuino e autentico.

Ho seguito un prete che veniva regolarmente tormentato da ansie e paure. Mi raccontò che una volta, durante la meditazione, per un paio di secondi si era sentito completamente libero. Per lui si era trattato di una sensazione di felicità. In quel momento sentì che la paura non lo aveva in pugno. In quell'istante era stato completamente se stesso, senza la pressione a dover dimostrare qualcosa agli altri e senza la paura di non riuscire a soddisfare le aspettative altrui. La sensazione di libertà ci allarga il cuore e ci mette le ali. Ci sentiamo liberi di volgerci alla vita.

Il sentimento di libertà esercitò un fascino particolare soprattutto sul poeta tedesco Friedrich Schiller. Per lui il soldato è la metafora dell'uomo libero: «Lui sa la morte guardare negli occhi / libero è soltanto il soldato»[1]. E, in un'altra poesia, si dice: «L'uomo è creato libero, è libero / foss'anche nato in catene»[2].

---

[1] *Reiterlied*, in *Wallenstein*, 11.

[2] F. SCHILLER, *Le parole della fede*, in *Poesie filosofiche*, Feltrinelli, Milano 2005, 91.

L'esperienza della libertà è l'esperienza meravigliosa dell'essere umani. Chi non lo ha compreso soltanto con la testa, ma lo sente anche nel cuore, percepisce la propria dignità di uomo o di donna e incede nella vita con la schiena ben dritta. Si può porre per come è. Non è dominato né dalle sue paure, né dalle aspettative delle persone. Agisce e parla a partire dalla propria libertà. Di alcune persone si ha la chiara percezione che siano interiormente libere. Non sono sottoposte alla pressione di dover dimostrare qualcosa a qualcuno. Esistono, semplicemente. Sono come sono, sono davvero libere. Incontrare persone del genere è, a sua volta, un'esperienza liberatoria, che riempie di gioia.

# Gioia – il cuore si allarga

*Non ci vuol molto per provare gioia. Basta essere interamente nell'attimo.*

*Quanto maggiore è la consapevolezza con cui vivo, tanto più percepirò la gioia dentro di me.*

Al termine della sua visione antropologica venata soprattutto di pessimismo, Qoèlet, il maestro di sapienza dell'Antico Testamento, dice: «Su, mangia con gioia il tuo pane e bevi il tuo vino con cuore lieto» (*Qo* 9,7). Qoèlet, quindi, parte dal presupposto che l'essere umano, pur con tutte le sofferenze che lo colpiscono, sia fatto per la gioia. Ma posso mangiare con gioia il mio pane se non sto bene? Evidentemente, quindi, dipende da noi, pur con tutta la sofferenza che torna regolarmente a colpirci, scegliere la gioia. La gioia, però, non è semplicemente un sentimento che posso far scaturire dentro di me a comando. La gioia è espressione di vita piena. Non posso, perciò, mirare alla gioia in sé. Posso però cercare di vivere la mia vita con tutti i sensi. Allora entrerò anche in contatto con la gioia presente dentro di me. Tanto maggiore è la consapevolezza con cui vivo, tanto più percepirò la gioia dentro di me. In fondo all'anima di ciascuno di noi è presente la gioia. Spesso, però, il nostro legame con questa gioia è stato reciso. Possiamo allenarci ad entrare in contatto con la gioia interiore. Ci allarga il cuore. Se sentiamo la gioia dentro di noi, molte cose ci vengono più facili. Allora la nostra vita prende un altro sapore. E se la gioia prende dentro di noi lo spazio che, di fatto, le spetta, ciò ha dei risvolti benefici per la nostra intera esistenza.

La gioia è un'emozione elevata, dice la psicologa Verena Kast. Fa bene all'anima. Libera l'anima dal senso di angustia, ci dà slancio, rende la vita più facile. E la gioia crea un legame tra noi e gli altri. La gioia ci spinge a condividere questo sentimento con gli altri. Gioia condivisa è gioia duplice, dice un proverbio. La gioia crea relazione. Ci dona vitalità. La gioia irrobustisce la nostra salute. Lo sapevano già i saggi dell'Antico Testamento: «Un cuore lieto fa bene al corpo, uno spirito depresso inaridisce le ossa» (*Pr* 17,22). Chi si sente bene, fa del bene anche al proprio corpo. La gioia ha un effetto benefico per la salute. Chi va a letto pieno di crucci e angosciato spesso è tormentato dalle preoccupazioni anche durante il sonno. Ma «il sonno di un cuore sereno è per lui come un cibo succulento» (*Sir* 30,25, nella versione ebraica del testo).

Non possiamo forzare noi stessi alla gioia, né possiamo forzare gli altri. A volte, però, evidentemente è necessaria un'esortazione alla gioia. Così, dal carcere, Paolo esorta i Filippesi: «Siate sempre lieti nel Signore, ve lo ripeto: siate lieti!» (*Fil* 4,4). Spesso non ci accorgiamo affatto di quanto facciamo diventare la nostra mancanza di entusiasmo quasi un rito da celebrare, di quanto ci fissiamo sulle cose negative. Di motivi di gioia ne esistono parecchi. Non c'è soltanto la gioia nel Signore, di cui scrive Paolo. Ci sono anche le tante piccole cose di cui possiamo gioire ogni giorno: il mattino con la sua freschezza, il sole che sorge, la bellezza del paesaggio in cui sto facendo una camminata, la persona amichevole nei miei confronti, che mi dona un sorriso radioso. Ci vogliono occhi ben aperti per poter gioire della vita. Proprio quando siamo aperti a ciò che incontriamo sul nostro cammino entriamo in contatto con la gioia dentro di noi. La psicologa Verena Kast dice che la gioia non costa nulla, tranne attenzione: «Vediamo qualcosa di bello, ascoltiamo qualcosa che ci emoziona, ci prende, qualcosa fiorisce [...]». E quando potremmo fare salti di gioia, aggiunge, diventa chiaro che la gioia è un contrappeso alla pesantezza della condizione terrena e all'oscurità. «La gioia ci suggerisce un possibile legame con qualcosa che va oltre noi stessi».

È la stessa interpretazione di Gesù. Nel *vangelo di Giovanni* non ci esorta alla gioia, ma dice di sé che le sue parole ci portano a contatto con la sorgente di gioia che è in noi stessi: «Vi ho detto queste cose perché la mia gioia sia in voi e la vostra gioia sia piena» (*Gv* 15,11). Parlando, Gesù condivide con gli ascoltatori la gioia che è dentro di lui. Partecipiamo del suo stato d'animo. E se le sue parole penetrano dentro di noi, veniamo a contatto con la sorgente della gioia che è dentro di noi, ma non di rado è sepolta sotto le preoccupazioni e le paure della nostra quotidianità. Attraverso le sue parole, la sorgente della gioia, dal fondo della mia anima, affiora in superficie e riempie anche la mia consapevolezza, così che, da quel momento in poi, la percepisco in maniera cosciente.

È quello che spesso ci succede anche quando cantiamo. Cantando sentiamo la gioia sopita nelle profondità della nostra anima. Attraverso il canto spesso viene risvegliata, influendo poi sul nostro umore. Sant'Agostino dice: *chorós* viene da *chará*, il canto corale deriva dalla gioia. Il canto è espressione di gioia. Porta, però, anche alla gioia nascosta dentro di noi. Ciò vale per ogni tipo di musica. Le persone che non stanno bene entrano in contatto con la gioia interiore se, per esempio, lasciano che la musica di un Mozart, di un Bach o di un Händel penetri dentro di loro. La musica trasforma il nostro stato d'animo. Ci riempie di gioia.

Non ci vuol molto per provare gioia. Basta essere interamente nell'attimo. Se cerco di essere presente, in tutto e per tutto, gioisco semplicemente dell'essere. Sono, dunque gioisco. Allora percepirò il mio respiro come gioia. Nel respiro inspiro la gioia, la vita, l'amore, la chiarezza, la freschezza. Assaporo il fatto di non dover fare nulla, in questo momento. Sto seduto, respiro, guardo, sento, annuso. Sono in sintonia con me stesso. Non ho bisogno di doni dall'esterno. Già soltanto la disponibilità ad aprirsi a questo istante, proprio adesso, è sufficiente a fare l'esperienza della gioia. Serve però anche l'esercizio per distaccarsi da tutte le preoccupazioni, lasciarsi alle spalle ogni rimuginare, per essere interamente nell'attimo presente.

Un'importante fonte di gioia è la natura. Nell'Antico Testamento c'è un salmo in cui l'orante descrive pieno di gioia ciò che osserva. Si rallegra che Dio faccia zampillare le acque sorgive grazie a cui gli asini selvatici estinguono la loro sete. Descrive pieno di gioia gli uccelli del cielo, il cui canto risuona tra le fronde. Loda Dio perché dona agli esseri umani il vino «che allieta il cuore dell'uomo» (*Sal* 104,15). E conclude il suo poema con le parole: «A lui sia gradito il mio canto, io gioirò nel Signore» (*Sal* 104,34). La gioia per il creato è al contempo, per lui, gioia per il Creatore. Il creato è pieno di gioia, se soltanto lo ammiriamo con occhi bene aperti e cuore grato.

La parola tedesca *Freude*, gioia, viene da una radice che significa «eccitato, mosso, vivace, veloce». La gioia fa battere il cuore. Fa scorrere l'energia dell'essere umano. Riusciamo a fare tutto più in fretta. La gioia dona leggerezza alla vita. La libera da ciò che genera fatica e che opprime. Chi opera a partire da questa gioia riesce a fare più cose. Tutto gli risulta facile. La pesantezza terrena svanisce. La gioia ci spinge a mettere mano alle cose. È una molla importante della creatività. Chi lavora gioiosamente non si sente esaurito tanto in fretta. Ogni cosa che fa diventa per lui una gioia. Non sente il lavoro come un peso, ma come qualcosa che gli dà gioia.

La Bibbia vede Dio come vero fondamento della gioia. Il salmista definisce Dio «mia gioiosa esultanza» (*Sal* 43,4). L'immagine di Dio di questo orante era ben lontana da quella che incute timore e che molti di noi si portano dentro ancora oggi. Dio è causa di gioia. Andare in pellegrinaggio alla casa del Signore e lodare Dio in splendide cerimonie riempiva di gioia il cuore del pio ebreo. Allo stesso tempo, egli sapeva che Dio asciugherà ogni lacrima e continuerà a riempirci di gioia. Dio è il garante del fatto che ci è sempre concesso di tornare a gioire. Non si trattava di una spiritualità euforica, che esclude l'afflizione. Anzi, i pii oranti affrontavano anche le esperienze negative dell'esistenza. Al contempo, però, facevano anche l'esperienza che Dio è capace di convertire il loro cordoglio in danza. Gesù riprende questa visione della gioia dell'Antico Testamento quando dice: «Così anche voi, ora, siete nel dolore; ma vi vedrò di nuovo e il vostro cuore si rallegrerà e nessuno potrà togliervi la vostra gioia» (*Gv* 16,22). I Padri della chiesa definiscono la gioia di cui parla Gesù come gioia perfetta. Gregorio Nisseno parla della gioia indistruttibile, illimitata e perpetua. Non è vincolata alle cose visibili. Chi fa l'esperienza di Dio – di questo Gregorio Nisseno è convinto – ha in sé una gioia che può essere offuscata dalle esperienze esteriori di dolore, ma, in ultima analisi, non può essere portata via. È una gioia divina.

Ciò che dice il mistico greco a proposito della gioia interiore, è stato espresso anche dal poeta tedesco Johann Wolfgang von Goethe con le parole: «La gioia migliore è il dimorare in se stessi». Se l'anima si trova bene nella dimora del corpo, se sono a casa in me stesso, sono anche colmo di gioia. La gioia è espressione della vita consapevole e appagata. Chi dimora in se stesso scopre nella stanza più interna dell'edificio della sua esistenza la gioia. Essa è sempre già presente in lui, persino se le nubi esterne vi gettano un'ombra. Se, di fronte ai conflitti e alle contrarietà che mi circondano, torno sempre a rifugiarmi nello spazio interiore della mia anima, percepirò la gioia. I mistici parlano dello spazio intimo del silenzio, della cella interiore. E lì fanno l'esperienza del paradiso dentro di sé, di una gioia celeste, come quella che si esprime nel canto di letizia degli angeli.

# Serenità – in equilibrio nel centro di se stessi

*Raggiunge la serenità soltanto chi affronta con libertà interiore ciò che gli viene incontro sul suo cammino.*

*In questo lasciar essere possono svilupparsi grandi cose.*

Meister Eckhart, il grande mistico tedesco, ha coniato il concetto di *Gelassenheit* (in tedesco medievale *gelazenheit*), che letteralmente significa «lasciar essere, abbandonarsi (a Dio), distacco», ma nel linguaggio di oggi corrisponde anche all'idea di «serenità». Per lui si tratta innanzi tutto di una virtù, di un atteggiamento che dovremmo praticare. Naturalmente, però, è anche una sensazione. Mi sento sereno quando mi sono distaccato da me stesso, quando non sono attaccato ai miei bisogni e ai miei desideri. Mi distacco dalle mie illusioni, dalle immagini che ho di me stesso e dell'altro. Mi distacco dalla pressione a cui, sovente, io stesso mi sottopongo. Vado ad una riunione con serenità. In questo senso, la serenità ha a che fare con la calma interiore.

La serenità, allo stesso tempo, è l'atteggiamento

di lasciare che le cose e le persone siano come sono. Oggi sentiamo di continuo la pressione a dover cambiare tutto. La serenità è collegata alla fiducia che le cose e le persone, in primo luogo, sono buone, che hanno il diritto di essere così come sono. Allo stesso tempo, però, nella serenità si cela la speranza che alcuni loro aspetti si trasformino, che in esse crescerà qualcosa, che arrivino alla forma pensata per loro da Dio. Ma non devo essere io a cambiarle. Posso lasciarle così come sono e affidarle alla grazia di Dio e alle potenzialità di sviluppo racchiuse in ogni cosa e in ogni persona.

La serenità ha bisogno di tempo. Non sopporta la frenesia. Devo lasciarmi tempo per essere sereno nelle cose che faccio o che vivo. Ho bisogno di tempo per aprirmi ad un dialogo o ad un incontro. Lasciarsi tempo è il contrario dello sfruttare il tempo, del lasciarsi condizionare dalla pressione delle scadenze. Lasciandomi tempo, evado dalla tirannia del tempo. Percepisco il tempo. Lo assaporo. Il tempo mi è stato regalato. Mi distacco dalla pressione che sento se penso a tutto ciò che dovrei sbrigare nel poco tempo che ho. Lascio scorrere il tempo e lo percepisco. Il tempo è sempre tempo regalato, tempo che appartiene a Dio e a me, in cui io appartengo a me stesso e al mio Sé più autentico.

Soltanto chi è in equilibrio nel centro di se stesso è sereno. Spesso, però, perdiamo questo equilibrio. Ci arrabbiamo per delle sciocchezze. Siamo sempre concentrati sugli altri e ci lasciamo condizionare da loro. Chi è serenamente nel centro di se stesso può anche guardare serenamente la diversità di ogni singolo individuo. La percepisce, senza giudicare. Lascia che le persone siano come sono e si rallegra della diversità di ciascuno. Chi è privo di un baricentro interiore, invece, si lascia sospingere da ciascuno in una direzione differente. Così, ben presto, si sente lacerato, trascinato di qua e di là dalle opinioni, dalle aspettative e dai giudizi degli altri. La serenità esige di continuare a percepire me stesso, di ritornare al centro di me stesso, di lasciare gli altri dove sono e lasciarli così come sono.

Serenità significa liberarsi dalle aspettative e dalle pretese che abbiamo nei confronti di noi stessi. Molte persone sono continuamente sotto pressione. In tutto quello che fanno si creano da sole un'ansia da prestazione. Oppure si paragonano agli altri. Non riescono ad aprirsi all'attimo, perché pensano sempre a quello che potrebbero pensare gli altri di loro in quel momento. Sono incapaci di concentrarsi su quello che stanno facendo nell'istante presente. Nel loro lavoro hanno continuamente dei secondi fini. Non lavorano e basta, ma, nel loro lavoro, vogliono dimostrare il proprio valore, vogliono surclassare gli altri. Questi fastidiosi pensieri collaterali impediscono loro di svolgere con serenità ciò a cui mettono mano di volta in volta. Soltanto chi è presente in se stesso, libero dai pensieri con cui giudica in continuazione se stesso e il proprio agire, è sereno.

La serenità è stata predicata soprattutto dai saggi cinesi. Essi credono che l'essenziale nasca nel momento in cui ci distacchiamo dalle nostre intenzioni.

Sono in armonia con il Tao, in armonia con la vita. Sono al servizio della vita, perché si possa sviluppare così com'era stata concepita da Dio. Rinunciano a piegare la vita secondo le proprie idee. A proposito degli antichi saggi, che simboleggiavano la saggezza, Zhuāngzǐ (Chuang Tzu) dice: «Prendevano tutto così come veniva. Accettavano la morte in tutta serenità. Senza lamentarsi e andavano oltre, là, sull'altra sponda». Raggiunge la serenità soltanto chi affronta con libertà interiore ciò che gli viene incontro sul suo cammino. Chi ha imparato questo atteggiamento prova dentro di sé la sensazione di serenità. Nulla gli fa perdere facilmente la calma. Affronta ogni cosa con questa sensazione interiore di serenità. Vicino a lui anche gli altri si sentono a proprio agio. Hanno la sensazione di poter essere come sono, di essere lasciati come sono. In questo lasciar essere possono svilupparsi grandi cose.

# Avidità – mai abbastanza

*La persona avida non vive mai nel presente, ma è sempre già nel futuro.*

*Quando mangia, pensa già a quello che dovrebbe ancora mangiare. Quando compra qualcosa, le viene già in mente qualcos'altro di ancora importante.*

Per i buddisti l'avidità è la radice di tutti i mali. Poiché è avido, l'essere umano diventa dipendente dalle cose di questo mondo. Vuole sempre di più e, nell'attaccamento a questa cupidigia, perde la sua libertà. La *prima lettera a Timoteo* conferma questa visione delle cose: «L'avidità del denaro infatti è la radice di tutti i mali; presi da questo desiderio, alcuni hanno deviato dalla fede e si sono procurati molti tormenti» (*1 Tm* 6,10). Nel testo greco qui si trova il termine *philargyría*, amore per il denaro. Il mito greco vede in Tantalo l'immagine della persona avida. Negli Inferi rappresenta visibilmente per tutti quali siano le conseguenze dell'avidità. La storia è questa: Tantalo è in piedi in un ruscello pieno d'acqua fresca. Ogni volta che si china a bere, l'acqua si tira indietro. Sopra di lui c'è un albero carico di splendidi frutti. Ma quando Tantalo tende il braccio per raccoglierne uno e mangiarlo, il ramo si solleva verso l'alto. Nella sua avidità, quindi, Tantalo resta a mani vuote. La persona avida, è ciò che ci insegna questo mito, è incapace di godimento. Vuole sempre di più, ma non riesce a godersi davvero quello che ha. Non riesce nemmeno ad assaporare ciò che mangia o che beve. Trangugia sempre più cibi e beve sempre di più, fino ad ubriacarsi o ad essere stordita perché si sente troppo piena. In fondo, dietro all'avidità si cela quest'impressione: sono stato penalizzato. Perciò non posso avere mai abbastanza, per riuscire finalmente a controbilanciare questa sensazione. Non importa, però, quanto ottenga la persona avida. Non è mai abbastanza per controbilanciare il vuoto interiore.

Alcuni psicologi vedono la causa dell'avidità nell'educazione a controllare i bisogni corporali. La fissazione sulle feci proseguirebbe in età adulta come fissazione per il denaro. Si parla di fissazione anale. La persona avida non riesce a rinunciare a nulla e vorrebbe tenere tutto per sé. Spesso l'avidità è anche un sintomo di scarsa autostima. Quest'ultima porta poi a mangiare in maniera avida, a fare sesso con avidità e, in ultima analisi, all'acquisto compulsivo. L'avidità, però, rende l'essere umano incapace di assaporare il cibo, di provare piacere nella sessualità e di essere riconoscente per le cose che possiede. È sempre tutto troppo poco. Se una persona avida gira per i centri commerciali, non riesce a fare altro che comprare il maggior numero possibile di oggetti. Questo vale per i vestiti come per i prodotti alimentari.

La persona avida non è mai felice. Ha una smania implacabile di mangiare, bere, comprare, possedere sempre di più. La sua molla interiore è non perdersi niente, a nessun costo. Evidentemente la sensazione di essere stata penalizzata si è conficcata tanto profondamente in lei da non riuscire a sbarazzarsene, per quanto consumi.

La persona avida non vive mai nel presente, ma è sempre già nel futuro. Quando mangia pensa già al prossimo cibo che dovrebbe ancora mangiare. Quando compra qualcosa, le viene già in mente qualcos'altro di ancora importante. La sua paura è che magari potrebbe capitarle di non avere abbastanza scorte in casa. All'avidità, allora, si aggiunge pure l'avarizia. La persona avida non riesce nemmeno a cedere qualcosa. Deve tenere tutto.

La *prima lettera a Timoteo* ha descritto due conseguenze dell'avidità: la prima è la perdita della fede, la seconda sono tormenti e dolori.

La prima conseguenza, la perdita della fede, significa: rinuncio alla posizione salda datami dalla fede. Perdo la mia stabilità, perché sono continuamente mosso dall'avidità. In una mancanza di appigli del genere non sono più io a vivere, ma vengo vissuto. La parola greca usata qui dalla *prima lettera a Timoteo* parla di follia. L'avidità, secondo questa visione, porta ad una follia, ovvero ad una perdita patologica del senso di realtà. In un certo senso, se ci si lascia guidare dall'avidità, si impazzisce.

La seconda conseguenza è che, a causa della mia avidità, resto coinvolto in molte sofferenze. Nel testo greco sta scritto: Trafiggo me stesso con molti dolori. Vale a dire: nuoccio a me stesso. Mi faccio del male.

L'avidità, quindi, non è soltanto un vizio, ma, secondo la visione dell'autore della lettera a Timoteo, una malattia. Nel Medioevo si cercava di guarire le persone avide e avare rammentando loro la morte: *memento mori*, ricòrdati che devi morire. «L'ultimo vestito non ha tasche», dice il proverbio.

La lettera a Timoteo di terapia ne propone un'altra, più positiva. Dovremmo tendere ad altre virtù, «alla giustizia, alla pietà, alla fede, alla carità, alla pazienza, alla mitezza» (*1 Tm* 6,11). Queste virtù hanno anche un effetto terapeutico, perché ci rendono capaci di liberarci dalla terribile follia a cui ci spinge l'avidità. La carità e la mitezza, inoltre, danno alla nostra vita un sapore diverso. La fede e la pazienza ci danno solidità, stabilità, un terreno solido sotto i piedi. E la pietà apre il nostro cuore al bene superiore, a Dio, che non ci è più possibile possedere, ma è in grado di appagare il nostro anelito più profondo.

# Indifferenza – non toccati dall'umanità

*L'indifferente si è dato per vinto. È incapace di percepire dentro di sé vita e amore.*

Lo scrittore ebreo Elie Wiesel, sopravvissuto ai campi di concentramento, ha detto: «Il contrario dell'amore non è l'odio, ma l'indifferenza». Ciò che lo aveva sgomentato di più era l'indifferenza dei suoi aguzzini, che non si lasciavano toccare da nulla di umano. Quest'atteggiamento era per lui l'apice della disumanità.

La parola tedesca *gleich*, uguale, da cui deriva *Gleichgültigkeit*, indifferenza, è composta dal prefisso *ge-* e dal termine *Leiche*, corpo, cadavere. Etimologicamente significa quindi: essere lo stesso corpo, la stessa figura, la stessa salma. *Gleichgültig*, in origine, significava «con lo stesso valore». Soltanto a poco a poco a questa parola si associò l'idea di «privo di differenze, insignificante, disinteressato». La persona per cui è tutto uguale, tutto lo stesso, non prova nulla per niente e per nessuno. In fondo, è insensibile. Niente la interessa. Niente riesce ad attirare la sua attenzione umana e la sua dedizione piena di interesse. È aliena ad ogni trasporto. Resta isolata in se stessa, da spettatrice disinteressata.

L'indifferenza di qualcuno ci fa male. Se siamo costretti a farne l'esperienza, abbiamo la sensazione che il nostro interlocutore non sia una vera persona. L'empatia con gli altri, l'interesse per loro, infatti, appartengono alla natura autentica dell'essere umano. L'indifferente è incapace di amare qualcuno. Si rapporta ad ogni persona e a tutte le esperienze che gli capitano con questa sensazione di indifferenza. Niente è affar suo. In fondo non fa che ruotare ossessivamente intorno a se stesso e al proprio Ego. Non si lascia attirare fuori dalla sua freddezza e dal suo disinteresse da nessuno.

Parliamo della sensazione di indifferenza, ma, in realtà, il fenomeno qui descritto è quello dell'insensibilità. L'indifferente non prova più nulla. Si è costruito intorno una corazza in cui nulla riesce a penetrare. Talvolta è una corazza protettiva. Forse, in questi casi, si tratta di qualcuno che ha paura di essere di nuovo ferito o di aprirsi a qualcuno che potrebbe abusare della sua fiducia. Le ragioni dell'indifferenza, quindi, spesso vanno ricercate nella biografia di una persona. Ma rapportarsi alle proprie ferite difendendosi da tutti non è una strada davvero costruttiva. È un percorso, infatti, che porta all'isolamento e che recide il legame con tutti i sentimenti, inclusi però la vitalità e l'amore. Spesso mi spavento quando chiedo a qualcuno: «Che cosa ti commuove? Che cosa ti dà gioia? Che cosa ti entusiasma?» e la risposta è: «Niente». Non riesco a crederci e cerco di elencare vari ambiti: la natura, una gita in montagna, la musica, un buon pranzo, un buon vino, l'amore di una persona. L'indifferente si è dato per vinto. È incapace di percepire dentro di sé vita e amore.

Oggi l'indifferenza si sta diffondendo a macchia d'olio. Molti pensano che se sono «dei duri», se non si lasciano toccare da nulla, questo sia un segno di forza. Per me, invece, è un segno di povertà morale. Una studentessa mi ha raccontato che era stata un anno in Perú per collaborare ad un progetto per i poveri. Una volta tornata, non vedeva l'ora di raccontarlo agli amici e alle amiche. Si imbatté però in un disinteresse totale. Si parlava soltanto del tempo e di che cosa si poteva comprare al momento nei negozi. Quest'indifferenza degli amici le fece male e le dimostrò dove stia la vera povertà dell'essere umano: non nella povertà materiale, ma in quella morale.

# Felicità – vivere, semplicemente

*Determinante è la capacità di assaporare quello che sto vivendo, ora, nell'istante presente.*

*Non devo dimostrare il mio valore, non devo ricevere dei riconoscimenti. Se sono, semplicemente, sono anche felice.*

«Ogni uomo vuole essere felice»: quest'anelito alla felicità era già stato formulato da Platone quattrocento anni prima di Cristo. Da allora innumerevoli filosofi, teologi e poeti ci hanno rammentato questo principio. Dobbiamo distinguere tra la felicità come condizione e la sensazione di essere felici. La sensazione di essere felici è simile a quella della gioia. Eppure la felicità è qualcosa di ancora diverso. Alcuni dicono: «Provo una felicità totale». In quest'espressione si nascondono molti sentimenti e stati d'animo. Qualcuno, per esempio, è grato e contento perché la sua vita ha esaudito i suoi desideri più profondi. Un altro, invece, è felice perché sta facendo l'esperienza di un amore profondo. Ama una donna, che lo ricambia. Un altro ancora sperimenta la felicità quando è testimone di uno spettacolo naturale meraviglioso. E anche chi è spettatore della fantastica rappresentazione di un'opera lirica si sente felice, perché è sfiorato da qualcosa di più grande di lui.

Molte persone pensano di poter comprare le sensazioni di felicità. Prenotano un fine settimana-benessere e sperano di sentirsi felici. Ma la felicità non si può comprare. Anche guadagnare tantissimo non rende felici. La felicità, dicono i filosofi, significa: essere in sintonia con se stessi, dire di sì alla propria vita. Significa che provo gioia per ciò che vivo di giorno in giorno. È quindi necessario un determinato atteggiamento interiore per riuscire a provare felicità. Determinante è la capacità di assaporare quello che sto vivendo, ora, nell'istante presente. Chi insegue continuamente la felicità non riuscirà ad afferrarla. La ricerca spasmodica della felicità va a vuoto.

Nelle beatitudini del Discorso della montagna Gesù indica delle condizioni importanti affinché l'essere umano sia in grado di provare la felicità. Prima di tutto c'è la libertà interiore verso i beni materiali, il non-attaccamento, come lo chiamano i buddisti. Poi ci vuole la misericordia verso se stessi e verso gli altri. Chi è troppo duro con se stesso non sarà mai felice. Ed è necessaria anche l'aspirazione alle virtù, soprattutto alla giustizia. Soltanto se rendo giustizia a me stesso e alle persone intorno a me sperimenterò la felicità. Nelle otto beatitudini Gesù non ci promette un mondo perfetto, bensì una strada per la felicità pur restando immersi nella realtà di questo mondo, persino nella tentazione e nel rifiuto da parte degli altri. L'arte sta nel restare felici persino quando sono insultato dagli altri. Si tratta di una felicità interiore, che nessuno mi può sottrarre. Per Gesù questa felicità interiore consiste nel fatto che il regno di Dio è dentro di noi. Dove Dio regna in noi siamo liberi dal potere degli esseri umani. Lì siamo anche a contatto con il nostro Sé autentico, con l'immagine genuina che Dio si è fatto di noi. E se siamo a contatto con tale immagine inalterata di Dio dentro di noi, siamo felici, siamo in sintonia con noi stessi. Allora non ci sottoponiamo alla pressione di dover provare felicità a tutti i costi. Siamo, semplicemente, noi stessi. Il puro essere, si potrebbe dire in termini filosofici, significa felicità. Puro essere significa: non devo dimostrare il mio valore, non devo ricevere riconoscimento, non devo nemmeno sperimentare la felicità. Se sono, semplicemente, sono anche felice. Ogni ente in armonia assoluta con l'essere, infatti, è felice. Con il linguaggio teologico: se dico sì a ciò che Dio mi ha donato, sperimento la felicità.

# Odio – un'energia distruttiva

*L'odio dentro di me affiora, senza che io possa farci niente. Ma ho la responsabilità di come lo gestisco.*

La parola «odio» ha un suono sconfinatamente malvagio. È legittimo ammettere di provare un sentimento così distruttivo? E che cosa vuol dire Gesù quando afferma: «Se uno non viene a me e non mi ama più di quanto ami [nell'originale: non odia] suo padre, la madre, la moglie, i figli, i fratelli, le sorelle e perfino la propria vita, non può essere mio discepolo» (*Lc* 14,26)? L'odio può avere anche un lato positivo?

Una donna mi ha raccontato che suo marito è alcolizzato. È imprevedibile, parlargli non è possibile e non ascolta nessun consiglio. E poi ha ammesso: «Qualche volta provo dei veri e propri sentimenti di odio nei suoi confronti». Subito dopo, però, ha cominciato ad accusare se stessa: «Un cristiano non deve provare odio. Quindi sono una cattiva cristiana». I primi monaci la vedono diversamente. L'odio dentro di me affiora, senza che io possa farci niente, ma ho la responsabilità di come lo gestisco. Se nego l'odio e lo reprimo, imperverserà lo stesso dentro di me. Mi farà ammalare fisicamente o si esprimerà in maniera inconsapevole nel mio comportamento. Se però lascio agire l'odio, nuoccio all'altro e, in definitiva, anche a me stesso. Chi odia è odioso. Il suo aspetto fisico perde ogni attrattiva. Una cosa odiosa ripugna. L'odio ha un volto mostruoso. Attraverso il mio odio rendo odiose altre persone. Sottraggo loro la loro dignità.

Talvolta l'amore si trasforma in odio. Abbiamo amato molto una persona, ma questa ci ha deluso, ha tradito il nostro amore. E così il nostro amore intenso si trasforma nel sentimento opposto, in odio violento, passionale. Gli esempi di questo rovesciarsi del sentimento, che diventa distruttivo, non mancano di certo. Basta che apriamo il giornale. Regolarmente sono raccontati casi in cui un uomo, per odio, ha ucciso la ex moglie e il suo nuovo compagno. L'odio accieca. Alletta le persone a compiere atti insensati, che hanno come conseguenza la distruzione e l'annientamento. Parliamo di odio folle, che può farci perdere la ragione, portarci alla pazzia. L'odio può essere devastante e mortale. Caino odia suo fratello Abele e lo uccide. L'odio distrugge l'essere umano, sia che lo provi attivamente, sia che ne sia vittima. Chi è dominato dall'odio non perde soltanto il controllo su se stesso, ma diventa a sua volta una persona odiosa e detestabile. Diffonde odio intorno a sé, distruggendo così la comunità umana.

L'odio diffonde la violenza e semina il terrore. Quando, nel 1977, il filosofo polacco Kolakowsi ricevette a Francoforte il Premio per la pace dei librai tedeschi, nell'ambito della Fiera del libro, la gente era dominata dalla paura degli attacchi dei terroristi che avevano ucciso e rapito.

L'odio è un male particolarmente grave, disse il vincitore del premio, non può essere respinto soltanto con misure istituzionali. In questo caso, affermò, «ciascuno di noi, limitando questo male dentro di sé, contribuisce a limitarlo all'interno della società, realizzando così, dentro di sé, un'anticipazione incerta e fragile di un'esistenza più sopportabile sulla nostra nave dei folli».

Ma come dobbiamo rapportarci al potere distruttivo dell'odio senza esserne dominati? L'odio è la massima forma di aggressività. Va perciò trasformato in un'aggressività sana. Alla donna che aveva accusato se stessa per l'odio verso suo marito dissi: Non lasci agire il suo odio. Altrimenti renderà infelice se stessa e suo marito. Ma neppure se lo vieti. Il fatto che lei senta dentro di sé dell'odio, infatti, ha un motivo e un senso. L'odio vuole incoraggiarla a prendere le distanze da suo marito. Le dice: Anch'io ho diritto di esistere. Mi proteggo dall'arbitrio di mio marito. Se ci si rapporta così alla propria emozione, l'odio si trasforma in fiducia in se stessi, in chiarezza e libertà.

Gesù parla spesso dell'odio. Da un lato c'è l'esperienza che i discepoli sono odiati dal mondo a causa del nome di Gesù (*Mt* 10,22). Il mondo non sopporta i discepoli, perché questi lo mettono davanti alla sua vera realtà. E Gesù esorta: «Amate i vostri nemici, fate del bene a quelli che vi odiano, benedite coloro che vi maledicono, pregate per coloro che vi trattano male» (*Lc* 6,27s.). Amare chi mi odia sembra una pretesa eccessiva. Se il nemico mi odia, però, questo significa anche che odia qualcosa in se stesso e poi lo proietta su di me. Amare il nemico non significa abbassare passivamente la testa e subire qualunque cosa. Amare è invece un processo attivo: vedo che cosa c'è davvero dietro l'odio e l'ostilità dell'altro. Vedo nell'altro la persona da compatire, che si odia, che non è in pace con se stessa.

Amare significa credere nel nucleo di bontà presente nell'altro. E quest'amore si esprime poi in buone azioni. Trattando bene l'altro, gli do la possibilità di credere al bene in se stesso. E gli parlo con bontà. Lo benedico e prego per lui. La benedizione protegge anche me dall'altro. Nella benedizione esco dal ruolo di vittima. Non sono vittima del nemico che mi odia. Gli invio attivamente un'energia buona, confidando nel fatto che lo trasformi. Gesù, quindi, ci ritiene capaci di proteggerci dall'odio altrui e di trasformare l'odio grazie all'amore, ad azioni buone, a parole buone e alla preghiera.

Gesù, però, parla di odio anche in un altro contesto: «Se uno non viene a me e non mi ama più di quanto ami [nell'originale: non odia] suo padre, la madre, la moglie, i figli, i fratelli, le sorelle e perfino la propria vita, non può essere mio discepolo» (*Lc* 14,26). I più traducono la parola greca *misêin* con «disprezzare». In realtà, però, significa «odiare». Matteo ha ammorbidito questo concetto, scrivendo *philêin hypér*, «amare di più». Da un punto di vista psicologico, odiare significa: prendere interiormente le distanze dai genitori e dai fratelli, per andare per la mia strada. L'odio, quindi, non indica una giustificazione delle liti familiari, bensì la liberazione interiore da un legame troppo stretto alla famiglia, il coraggio di vivere la propria vita così come Dio l'ha pensata per me. In questo passo, nemmeno «odiare la propria vita» significa «odiare se stessi». L'odio di sé, infatti, distrugge. Può portare fino al suicidio. Si intende invece: trovare un distacco interiore da se stessi, dai propri bisogni e dalle proprie emozioni. Per me questa frase di Gesù è un invito a prendere le distanze da tutti i miei sentimenti e i miei pensieri, dalle mie passioni e, appunto, anche dal mio odio, approdando, attraverso le emozioni, nello spazio interiore che è scevro da odio e ostilità, che è ricolmo di Gesù Cristo, della sua misericordia e del suo amore.

Qui l'odio ha un significato positivo: è l'arte di prendere le distanze, di non farsi dominare da nessuno, ma di dare spazio dentro di sé al regno di Dio. Se Dio regna dentro di me, sono davvero libero.

L'arte della via spirituale, quindi, sta nel non lasciar agire né reprimere l'odio, ma nel trasformarlo in fiducia in se stessi e in libertà, una trasformazione che deve avvenire grazie all'amore, alla benedizione e alla preghiera. Devo sfruttare la forza dell'odio per prendere le distanze da tutto ciò che vuole condizionarmi. È in quest'ottica che Gesù vede la forza positiva di questa passione, che mi apre al regno di Dio che è già dentro di me (cfr. *Lc* 17,21).

# Umore lieto – allegri e leggeri

*Una persona lieta sprigiona speranza e fiducia.*

*Anche il nostro cuore si fa più leggero, se siamo vicino a persone che irraggiano letizia.*

Per i primi monaci, l'umore lieto era un segno di spiritualità autentica. L'obiettivo del cammino spirituale era l'*hilaritas*. Questo termine indica l'umore lieto e l'allegria spensierata. Anche per i buddisti, tra parentesi, l'umore lieto segnato dal distacco, che è al di sopra delle cose, rappresenta una meta spirituale, anzi, è addirittura segno di illuminazione. La parola tedesca *heiter*, che indica questo sentimento, etimologicamente significa splendente, luminoso, chiaro e senza nuvole. La descrizione di questo sentimento, quindi, viene dall'osservazione del cielo. Se il cielo è privo di nubi, se il tempo è sereno, allora non splende soltanto il sole all'esterno, ma anche il nostro animo sente le ripercussioni delle condizioni atmosferiche. Al tempo sereno rispondiamo con un umore lieto. Ci sentiamo sgombri, rilassati e chiari come il cielo sereno e azzurro. Sentiamo dentro di noi un'allegria e una leggerezza interiori.

Se si è raggiunto un umore lieto del genere, nessuna nuvola offusca il cielo splendente della propria anima. Il cielo sereno ammette tutt'al più piccole nuvolette bianche. Nell'umore lieto non ignoriamo la sofferenza delle persone. Se però ascoltiamo con animo pervaso da una letizia di fondo chi è stato colpito da un grande dolore, i raggi luminosi della nostra anima fanno irrompere la luce anche nella tenebra del sofferente. Lasciamo che le nubi scure della sofferenza arrivino nel cielo della nostra anima. Ma l'umore lieto le trasforma in nuvole bianche.

All'umore lieto non associamo una risata sgangherata, bensì un'allegria tranquilla, piacevole per tutti. Vicino ad una persona d'umore lieto ci si sente a proprio agio. Irraggia una sorta di speranza e fiducia, di leggerezza e allegria. Anche il nostro cuore si fa più leggero se discorriamo con una persona la cui aura è improntata a questo sentimento.

Se descriviamo l'animo lieto ricorrendo ad un paragone meteorologico, alle nostre osservazioni del tempo atmosferico e del grado di nuvolosità del cielo, ciò risulta immediatamente chiaro. Nella descrizione degli stati d'animo anche i primi monaci pensavano al cielo, benché non a quello terreno. Credevano che l'essere umano diventa lieto se egli fa splendere sopra di sé il cielo divino. Secondo un detto del mistico e poeta della Slesia Angelus Silesius, il cielo è dentro di noi. Se il cielo è dentro di noi, il nostro stato d'animo si rischiara e si fa lieto. Allora il peso della terra non ci tira verso il basso, allora le nubi della sofferenza non oscurano la nostra anima.

Nella nostra anima, infatti, brilla la luce serena di Dio. Tale luce serena di Dio è magnificata in un inno che noi monaci cantiamo ai Vespri: «Luce serena del glorioso splendore del tuo Padre celeste immortale, santo, beato, Gesù Cristo, ti cantano tutte le creature». Qui è Gesù Cristo stesso ad essere definito luce serena. Se risplende dentro di noi, in noi ogni cosa si fa lieta. Per quanto siano nere le nubi dentro di noi, non riusciranno a scacciarla. Questa luce, infatti, ha vinto l'oscurità della morte.

# Speranza – respiro dell'anima

*La speranza crede che, nonostante tutte le difficoltà, sia possibile reggere il timone della propria vita e darle forma.*

*La speranza diventa una forza che mantiene viva ogni comunità.*

La speranza è un'emozione necessaria all'essere umano. Il proverbio dice: «La speranza è l'ultima a morire». Questo detto, però, significa anche: senza speranza restano solo morte e paralisi del flusso della vita. La parola tedesca *hoffen* viene da *hüpfen*, saltare. Secondo il significato etimologico, quindi, significa: saltare qua e là per l'emozione dell'attesa di qualcosa di bello. La lingua tedesca associa la speranza alla vitalità e all'attesa fiduciosa di qualcosa che ci fa bene e che rende migliore la nostra vita. I Latini, invece, associano la speranza al respiro. Dicono: «*Dum spiro spero* – Finché respiro, spero». Il respiro mi rende vivo. Il respiro lascia fluire nel corpo energia, vitalità e speranza sempre nuove. Si potrebbe dire anche: la speranza è importante come l'aria che respiriamo. Senza speranza non possiamo vivere. La speranza è il respiro dell'anima.

La speranza è qualcosa di diverso dall'aspettativa. L'aspettativa può essere delusa. Sperare, invece, afferma il filosofo francese Gabriel Marcel, significa sempre: spero in te e per te. La speranza è sempre qualcosa di personale. È riferita a qualcuno che non do per perso. Spero in quello che ancora non vedo. Ho fiducia nel fatto che, in quella persona, si svilupperà il bene. Ma la speranza mira anche a me stesso. È sempre la speranza che, anche per me, ci sarà un futuro positivo. Questa speranza è la condizione affinché io non mi dia per vinto, ma lotti, benché in quel momento non stia bene. Otto Bollnow parla della speranza assoluta che non è più uno «sperare che...», ma che non tende a nulla di concreto. Nonostante tutta l'apparente mancanza di prospettive, alcune persone percepiscono questa speranza assoluta, che non si lega mai ad immagini concrete. Verena Kast la descrive così: questa speranza assoluta e svincolata dalle immagini «non ha più nulla a che fare con una determinata idea del futuro, ma soltanto con la sensazione che la vita, nonostante tutto, va avanti e che non si può esserne esclusi. Questa speranza ci dà l'accesso ad un nuovo senso di protezione (Kast, *Freude*, 180).

Sulla porta dell'Inferno il poeta italiano Dante Alighieri (1265-1321) scrive: «Lasciate ogni speranza, voi ch'entrate» (III, 9). La speranza è l'emozione in cui non soltanto si traduce la volontà di vivere e la vitalità del singolo, ma che, inoltre, crea un legame tra noi e gli altri. Senza speranza ognuno di noi sprofonda nell'isolamento, come il sommo poeta ha immaginato che avvenisse all'Inferno. La speranza è sempre riferita anche agli altri. È sempre «speranza per», e non lo è mai soltanto per me, ma anche per le persone che mi circondano. È quindi la condizione necessaria per una comunità viva. Senza speranza non si può essere padri o madri, e senza speranza non si può dirigere un'azienda o essere attivi in politica. La speranza è sempre riferita ad un futuro migliore per noi stessi. Il filosofo Ernst Bloch parla della speranza nelle potenzialità non ancora nate. Intesa in questo senso, la speranza è la scoperta di ciò di cui non si ha ancora la consapevolezza. Fa progredire una comunità. Non si accontenta delle cose abituali, crede che, nonostante tutte le difficoltà, sia possibile reggere il timone della vita e darle forma. E così diventa una forza che mantiene viva ogni comunità e le rende possibile un futuro migliore.

# Sentirsi feriti – l'anima in tumulto

*Sono invitato a guardare meglio: l'altro mi ha davvero ferito volutamente?*

*Le parole dell'altro mi hanno toccato in un punto dove ero già vulnerabile? Le sue parole hanno soltanto fatto venire alla luce la piaga che mi portavo già dentro?*

Nel corso di colloqui ascolto spesso la frase: «Mi sento ferito». Ferire significa: infliggere sofferenza, offendere, fare del male, indebolire, nuocere. La sensazione di essere feriti è la reazione a parole insultanti, a gesti offensivi, a un comportamento nocivo. Quando mi sento ferito, è come se fossi malato. Mi sento fiacco, provato e indebolito. Non ho più forza dentro di me, non ho più il coraggio di vivere. Tutta la voglia di mettere mano alle cose svanisce. Mi sento paralizzato. E la mia sensazione è questa: l'anima è in tumulto.

La sensazione di essere offeso mi invita a guardare meglio: l'altro mi ha davvero ferito volutamente? Le parole dell'altro mi hanno toccato in un punto dove ero già vulnerabile? Le sue parole hanno soltanto fatto venire alla luce la piaga che mi portavo già dentro? Spesso mi sento ferito proprio dove l'altro mette il dito su qualcosa che non riesco ad accettare dentro di me. L'altro non ha la volontà di ferirmi. Eppure qualcosa di quello che dice mi fa male. Spesso è il fanciullo interiore ferito e offeso che grida dentro di me quando l'altro fa riferimento a determinate cose. Nelle sue parole proietto le mie esperienze con i miei genitori. Forse, nel tono dell'altro, sento il tono di mio padre o di mia madre. Allora mi sento ferito, benché l'altro non avesse affatto intenzione di farmi male.

È bene se comunico all'altro la mia sensazione di essere ferito. Non devo, però, formularla come un rimprovero: Mi hai ferito. Bisogna invece utilizzare messaggi in prima persona. Informo l'altro che mi sento ferito. Lui, allora, ha la libertà di reagire. Non è costretto a difendersi. In tutta libertà può cercare di sentire dentro di sé se, nelle sue parole, non ci fosse davvero una tendenza a fare male. Forse, però, si rende conto anche del fatto che le sue parole, dette a fin di bene, hanno scatenato nell'altro qualcosa di imprevisto. Allora è importante non gravarsi di sensi di colpa, ma consentire all'altro di sentirsi ferito. La sua informazione mi regala la sensibilità per ciò che potrebbe ferirlo e per i punti in cui l'altro non è ancora in sintonia con se stesso. Allora posso reagire scusandomi: «Non volevo dire questo». Oppure posso comprendere la sensazione dell'altro, senza per questo sentirmi in colpa. Lo capisco meglio e, in futuro, sarò più sensibile nel mio comportamento verso di lui. La persona che si sente ferita, invece, ha il compito di prendere sul serio la propria sensazione, interrogandosi però anche sulle cause profonde. Essa si ritrova ad affrontare il compito di accettarsi proprio là dove si sente ferita.

# Affanno – fardello interiore

*Chi affronta la vita come una sfida e la accetta, nonostante tutti i crucci, ha trovato una via promettente per gestire anche le difficoltà in maniera positiva.*

Associamo la sensazione di affanno alle preoccupazioni e ai brutti pensieri, ad una sofferenza psichica persistente. La parola tedesca *Kummer*, dispiacere, affanno, in origine ha il significato di «mucchio di detriti, spazzatura». I detriti che si depositano sulla nostra anima, la spazzatura interiore che si accumula dentro di noi diventano poi, però, una metafora del carico psichico e del disagio, della pena e del cruccio. Alcuni genitori sono in affanno per i figli. Sono pieni di preoccupazioni per loro e hanno paura che non crescano bene, che prendano una cattiva strada. In tedesco si parla, in senso figurato e non, anche di *Kummerkasten*, la cassetta delle lamentele, in cui deponiamo le nostre preoccupazioni nella speranza che Dio le ascolti e se ne occupi. Una grande cantata di Johann Sebastian Bach traspone l'affanno in una forma musicale tetra e sconvolgente, la cui cupezza si dissolve gradualmente, nella seconda parte, in fiducia nella grazia: «*Ich hatte viel Bekümmernis*... Provavo grande afflizione».

Ogni volta che parliamo di affanno, possiamo associarlo alla metafora dei detriti e della spazzatura. Colleghiamo la sensazione di affanno ad un fardello interiore che si è posato sulle nostre spalle. L'affanno è come un cumulo di spazzatura che si è fatto spazio dentro di noi. La spazzatura non ci lascia più respirare liberamente. Ci schiaccia. La spazzatura è un insieme di cocci e detriti. Si deposita come polvere sulle nostre anime, rende ogni cosa dentro di noi grigia e sporca. Contamina i nostri sentimenti. Interiormente ci sentiamo sporcati dai rifiuti che gli altri hanno deposto nella nostra anima o che noi stessi abbiamo prodotto, perché non li abbiamo gettati via. Siamo stati disattenti e abbiamo lasciato che si accumulasse una quantità sempre maggiore di rifiuti.

L'affanno si può riferire a diverse situazioni dell'esistenza umana. Nel corso di colloqui sento spesso parlare dei dispiaceri d'amore. Le persone raccontano che l'amore non è più fonte di felicità. Le cose non vanno più tanto bene con il fidanzato o la fidanzata, con il compagno o la compagna. Il dialogo langue. Gli interessi sono diversi. L'altro non riesce a decidere se amarmi e fa con me a tira e molla. Lo amo, ma lui non ricambia questo amore. Nei dispiaceri d'amore l'immagine che abbiamo non è tanto quella di un fardello, quanto quella di preoccupazioni assillanti, di sofferenze causateci dall'amore non ricambiato. Chi ha un affanno è crucciato, ha un aspetto triste e afflitto. Gli si legge in faccia che i suoi pensieri ruotano dolorosamente intorno al tema dell'amore e che non riesce a distaccarsene. Deperisce, perde la sua energia. Appassisce pian piano come un fiore.

Chi si lascia divorare dall'affanno mette su chili. Si sente spinto a mangiare sempre di più per proteggersi dall'affanno. Ma il prezzo lo paga il suo corpo, che ingrassa sempre di più. Chi invece affronta la vita come una sfida e la accetta, nonostante tutti gli ostacoli e i crucci, ha trovato una via promettente per gestire anche le difficoltà in maniera positiva. Talvolta qualcuno dice: Agli affanni ci sono abituato. Si fa carico di un compito sgradevole perché è abituato a vivere delle difficoltà nel suo lavoro e a dover gestire dei problemi. Chi affronta gli affanni in questo modo, però, non ha un viso crucciato. Non evita l'affanno. Spazza via i detriti che, durante il lavoro, gli sbarrano il passo. Si confronta con i problemi con tranquillità, riuscendo così ad evitare vari affanni – a sé e agli altri.

# Noia – invito a svegliarsi

*La noia è sempre espressione dell'anima. L'anima si annoia perché è incapace di assaporare il riposo, la pausa.*

*Non dobbiamo essere sempre tenuti a delle prestazioni. Se sono interamente nell'attimo, quell'attimo non sarà noioso.*

È un'esperienza che non fanno soltanto gli studenti a lezione: i pensieri vagano, semplicemente, perché l'attenzione non viene carpita dall'argomento di cui sta parlando il professore. Spesso troviamo noiosi un film o uno spettacolo teatrale se quanto viene rappresentato non ci coinvolge emotivamente. Ci può annoiare un libro, o il tempo passato con qualcuno che «non ci dice niente». Troviamo noiosi un colloquio o una conferenza che non sono per noi fonte di ispirazione. La domenica pomeriggio ci annoiamo perché non succede niente.

La parola tedesca *Langeweile* è un composto che, in origine, significa «riposo, sosta, pausa». Inizialmente, quindi, è un concetto positivo. Se però il riposo dura troppo a lungo, diventa noioso. Lo sentiamo come monotono e negativo, perché in apparenza «non succede niente». In un suo passo Nietzsche ha definito questa condizione «bonaccia dell'anima». La noia in quest'accezione negativa, però, non c'entra tanto con la lunghezza del tempo a disposizione, quanto con l'incapacità di *essere* consapevolmente nel tempo. Se *sono* interamente nell'attimo, quell'attimo non sarà noioso. Se invece non so che cosa fare di me stesso, mi annoio persino se sono da solo per pochi minuti o se, durante il lavoro, c'è un attimo di tranquillità. La noia, quindi, è sempre espressione dell'anima. L'anima si annoia perché è incapace di assaporare l'attesa, il riposo, la pausa. È sottoposta alla pressione di dover sempre produrre qualcosa. Sente un vuoto perché il tempo è sgombro da pretese, appuntamenti, compiti da svolgere, che altrimenti ci fanno girare come trottole.

La questione è come gestire la noia. I primi monaci hanno descritto la noia con il concetto di *acedia*. Con questo termine intendono l'incapacità di essere nell'attimo. Se non sono in grado di essere interamente presente in quello che sto facendo, nel lavoro, nella preghiera o nel riposo, tutto mi annoia. Diventano noiosi il lavoro, la preghiera e persino il non far niente. Non riesco a gustarmi il non far niente. I monaci consigliano allora di sopportare la noia e di ascoltarla. Se concentro la mia percezione sulla noia e la ascolto, in fondo a quest'emozione scoprirò dei desideri esagerati nei confronti della vita. Dato che non sono il migliore, dato che non è tutto meraviglioso, trovo la situazione noiosa. Spesso non so nemmeno che cosa desidero. Di frequente si tratta di desideri infantili di un paese di cuccagna. Chi è noioso, però, si annoia persino nel paese di cuccagna. Persino il consumare ciò che mi è piovuto dal cielo può diventare noioso. La noia è quindi un invito a svegliarsi e a rendersi conto, con gratitudine, di ciò che c'è. Se ho il contatto con me stesso e con le cose, niente mi annoia. Se però non sono in relazione con me stesso non potrò nemmeno relazionarmi alle cose, all'attimo, alle persone. E allora tutto mi annoierà. Perché allora nulla più mi toccherà. E, se niente più mi tocca, non provo altro che noia.

# Sensazione di vuoto – condotti verso l'essenziale

*Diverse cose mi appariranno vuote se, attraverso il mio vuoto, arriverò alla verità della mia esistenza.*

*L'esperienza del vuoto mi aiuta a scoprire il gusto per la vita vera.*

All'esperienza interiore del vuoto si associano esperienze e valutazioni molto diverse, oltre che qualità emozionali contrapposte. Si può trattare dell'orrore davanti all'abisso spalancato del nulla, così come della sensazione di noia. Oppure anche dell'esperienza dell'apertura serena al mistero. Può essere vista come meta di un cammino spirituale, ma anche assumere in culture differenti un significato diverso.

Nel buddismo la meta del cammino spirituale consiste nell'arrivare al vuoto interiore. Il vuoto, qui, ha una connotazione positiva. Vuoto significa che sono libero dalle mie intenzioni, libero dalle immagini di me stesso e di Dio. Questo vuoto è la condizione necessaria per abbandonarsi completamente in Dio. Anche Meister Eckhart, il poeta e mistico cristiano, può parlare di questo vuoto come del luogo in cui ci siamo svuotati di noi stessi, in cui Dio può essere Dio dentro di noi. È lo spazio in cui non sfruttiamo Dio per la nostra felicità, ma lasciamo che sia semplicemente Dio. Ed è il luogo in cui ci svuotiamo di noi stessi, in cui ci liberiamo dall'Ego, che vorrebbe impadronirsi persino di Dio. Nel vuoto non abbiamo nulla in mano. Svuotandoci anche di Dio, ci apriamo a quel Dio che si dona a noi per grazia.

Se invece parliamo di vuoto nel linguaggio quotidiano, intendiamo qualcos'altro. È la sensazione che tutto sia vuoto, che il nostro cuore sia vuoto, che non riusciamo a provare nulla. Non riusciamo né a rallegrarci, né a soffrire. Tutti i nostri sentimenti sembrano essere morti. Non vediamo alcun senso nella nostra esistenza. Non riusciamo ad entusiasmarci per nulla. Tutto ha un sapore insipido e noioso. Funzioniamo e basta, ma dietro ogni attività si spalanca un vuoto che ci fa paura e ci spinge a nasconderlo con un attivismo ancora maggiore. Se guardiamo nel silenzio del nostro cuore, fissiamo uno spazio vuoto. E questo vuoto ci spaventa. Preferiamo fuggire davanti ad esso. È difficile sopportarlo.

Anche quando ci rifugiamo nell'attivismo fine a se stesso, tale comportamento si lascia dietro una sensazione di vuoto interiore. Molti vivono questo vuoto anche nella preghiera. Tutto ciò che, fino a questo momento, li sosteneva, è vuoto. Se meditano, non provano più nulla. Un uomo mi ha raccontato che le esperienze positive fatte durante i corsi, la sensazione di avere un sostegno provata durante la meditazione, la gioia per le celebrazioni liturgiche, sono tutte sparite.

Si sente soltanto più vuoto davanti a Dio. E ne soffre.

Nel dialogo con una maestra zen buddista a proposito della spiritualità cristiana e buddista discussi con lei di quale esperienza facciamo nella meditazione cristiana e buddista. Io le spiegai che medito attraverso la preghiera di Gesù. La parola mi conduce, come dicono gli antichi monaci, nel silenzio senza parole di Dio. Questo spazio del silenzio, però, è per me uno spazio d'amore. La maestra zen replicò: «Per me l'amore è troppo faticoso». Le chiesi che cosa provasse lei. Rispose: «Vuoto». Io ribattei: «Per me il vuoto è troppo freddo». Nel dialogo, però, le nostre posizioni si avvicinarono. La maestra zen aveva confuso l'amore con un sentimento. Se, nella meditazione, devo per forza provare sempre dei grandi sentimenti, ciò risulta troppo faticoso. L'amore, però, per me è una qualità dell'essere, una sorgente d'amore che zampilla in fondo alla mia anima. Se mi immergo in questo spazio d'amore, mi sento al sicuro, sorretto, a casa e amato.

Come possiamo collegare tra di loro queste due esperienze d'amore? Se sento un vuoto interiore, io non cerco di combatterlo. Lascio che esista. Mi indica che al momento niente mi appaga, né il lavoro, né il rapporto con le persone care che di solito sono importanti per me. Non riempiono questo vuoto interiore. Non lo colmano nemmeno il riconoscimento o la dedizione affettuosa delle persone. Se prego, sento il vuoto. Lascio esistere il senso di vuoto. Dico: niente mi soddisfa. Al momento non ho nulla che potrebbe riempire questo vuoto, né amore, né musica, né successo, né beni materiali, nemmeno la preghiera o la messa. In me tutto è vuoto. Non provo niente.

Se non ricaccio indietro questo sentimento, ma lo lascio venire a galla, il vuoto che appare tanto gravoso può, di colpo, trasformarsi in un vuoto che mi apre al mistero di Dio. Nel vuoto non ho niente in mano. Così, nel vuoto, posso aprirmi al Dio inconcepibile. Il vuoto mi dimostra che niente di terreno può colmare questo abisso interiore. È qualcosa che può fare soltanto Dio. Ma non è il Dio che posseggo. Dio non riempie il mio vuoto con sentimenti positivi. Nel vuoto, invece, mi libero da tutte le immagini di me stesso e di Dio e mi abbandono al Dio oltre il vuoto, al Dio di cui non sono più in grado di dire nulla, su cui posso soltanto tacere. Così il vuoto che faccio fatica a sopportare può trasformarsi in un vuoto che mi conduce in dimensioni più profonde dell'essere, che mi porta all'essenziale, alla mia essenza autentica, al di là di ogni immagine, e al Dio che va oltre ogni raffigurazione.

Molte persone, invece, si rapportano diversamente al loro vuoto. Lo nascondono con un grande attivismo. Deve sempre esserci qualcosa da fare, devo sempre essere impegnato per non sentire il vuoto interiore. Questa fuga dal vuoto interiore, però, prima o poi si trasforma in una pretesa eccessiva. Si è costretti a fare sempre qualcosa, a colmare il vuoto interiore con attività sempre nuove. Se ne era già reso conto chiaramente Blaise Pascal: «Niente è tanto insopportabile all'uomo quanto lo starsene in completo riposo senza passioni, senza un affare, [...] senza potersi applicare. Avverte allora la sua nullità, il suo abbandono, la sua insufficienza, la sua subordinazione, la sua impotenza, il suo vuoto. Subitamente scaturirà dal fondo della sua anima il tedio, la tetraggine, la tristezza, l'afflizione, il dispetto, la disperazione»[1].

Il vuoto, però, non si lascia colmare. Quando sono solo nel letto riemerge. Oppure affiora dentro di me se faccio un viaggio in treno da solo. Anche la sensazione di vuoto ha un senso. Devo familiarizzarmi con il mio vuoto e chiedergli che cosa voglia dirmi. Mi vuole condurre alle cose essenziali della mia vita. Diverse cose mi appariranno vuote se, attraverso il vuoto, arrivo alla verità della mia esistenza. Il vuoto mi insegna a scoprire il gusto per la vita vera e a vivere con attenzione. E mi porta al mistero inafferrabile di Dio, che non si lascia possedere da me, ma vuole regnare dentro di me.

---

[1] B. Pascal, *Della necessità della scommessa*, Edizioni Studio Tesi, Pordenone 1994, 38.

# Amore – forza dell'incanto

*L'amore ci appaga e ci delude, ci incanta e ci ferisce.*

*Ruotiamo in continuità intorno ad esso, anelando ad essere ricolmati da un amore che pervada il nostro corpo e la nostra anima con un sentimento dolce.*

L'amore è una delle emozioni più forti. Allo stesso tempo, però, è una virtù, una capacità di amare se stessi e l'altro. Come emozione, l'amore è capace di incantarci. È quello che descrivono spesso le fiabe. In esse chi ama viene trasformato. Diventa bello, attraente e incanta colei che lo guarda. Tutti sanno che cosa sia l'amore e che sensazione dia. Ma come possiamo descrivere in maniera adeguata l'amore come emozione?

I Greci hanno tre parole che indicano l'amore. Ciascuno di questi termini ci porta ad una diversa esperienza emotiva. Prima di tutto c'è l'*éros*, l'amore di desiderio. Eros è rappresentato come un giovinetto che tira le sue frecce d'amore. Chi ne è colpito arde d'amore violento. Non può difendersi da questo sentimento intensissimo. L'amore ci sopraffà.

Parliamo del fatto che cadiamo nei lacci dell'amore o che l'amore ci sopraffà e vogliamo con questo dire: Siamo inermi in sua balìa. *Dobbiamo*, semplicemente, amare quella persona. Qualcosa in lui o in lei ci attira con tanta forza che dobbiamo pensare a lui o a lei in continuazione. I nostri pensieri e i nostri sentimenti sono interamente dominati da quest'affetto che tutto abbraccia. Quest'amore ci ammalia e ci incanta. Può anche, però, e pure questa è un'esperienza diventata proverbiale, renderci ciechi. Seguiamo la persona amata e siamo ciechi di fronte ai suoi lati d'ombra. L'amore può portare alla felicità, ma anche alla sventura, se lo seguiamo alla cieca.

La seconda parola usata dai Greci, *philía*, indica l'amore d'amicizia. L'amore d'amicizia ha una qualità emotiva diversa. Gioisce per l'esistenza dell'amico e lo accompagna. È contrassegnato dalla fiducia, ma anche dal calore e dall'apertura. Mi piace discorrere con l'amico. Vado a fare una passeggiata con lui. Assaporo la sua vicinanza. Con lui riesco ad aprirmi. Mi sento accettato incondizionatamente. E, a mia volta, accetto incondizionatamente l'amico. L'amore di amicizia non è tanto un'emozione violenta quanto un'emozione tranquilla, eppure è anche un sentimento profondo, che mi accompagna lungo l'intero corso della mia esistenza e mi spinge a cercare di continuo la vicinanza con l'amico.

La terza parola, *agápē*, è definita dai teologi amore divino. Molti teologi suscitano l'impressione che quest'amore divino sia privo di grandi emozioni. Ma già Tommaso d'Aquino affermava che l'*agápē* senza *philía* e senza *éros* è sterile. Anche il puro amore divino ha bisogno di un po' dell'emozione dell'eros. Se vogliamo descrivere la qualità di questo sentimento, si tratta piuttosto di una potente forza interiore che ci fa da motore, ma che, dal punto di vista emotivo, non ci porta in vetta, né ci fa sprofondare in un abisso, bensì ci conduce ad una tranquillità interiore e alla pace. Platone definisce l'*agápē* una forza divina che agisce dentro di noi. È la forza più potente di ogni altra cosa, che ci rende capaci di reggere il timone della nostra vita anche in situazioni difficili, se viste dall'esterno. Possiamo anche descriverla come una benevolenza di fondo verso tutto ciò che esiste. L'amore è il fondamento di ogni essere. E se percepiamo dentro di noi quest'*agápē*, sentiamo un legame tra noi e tutto ciò che esiste. Siamo grati di essere una parte del tutto e di sentirci uniti ad ogni cosa in quanto individui unici quali siamo.

I poeti non si stancano di scrivere d'amore e di rappresentarlo come la forza più potente: una forza che sospinge gli esseri umani e li può precipitare nella felicità o nell'infelicità. I musicisti lo fanno diventare percepibile. Quando Mozart compone un'aria amorosa, ascoltando quella musica non cogliamo soltanto i sentimenti della contessa per il marito, bensì l'amore in quanto tale. Ci ammalia e ci incanta e, allo stesso tempo, ci riempie di una sensazione di dolcezza e struggimento, di dolore e insieme di felicità. Non soltanto nell'arte più eccelsa, ma anche nella cultura popolare l'amore è ben presente come una forza che può condizionare la vita e che diventa l'emozione più forte nell'attrazione dell'uomo o della donna: le canzoni di successo parlano spesso di amore inappagato, di amore ferito, di amore infelice, che non ci dà pace e ci fa anelare a più riprese ad un amore che appaghi il nostro desiderio più profondo. L'amore ci rende felici. A volte, però, ci sentiamo impotenti davanti ad esso. Ci appaga e ci delude, ci incanta e ci ferisce. Eppure continuiamo a ruotare intorno ad esso, anelando ad essere ricolmati da un amore che pervada il nostro corpo e la nostra anima con un sentimento dolce.

# Piacere – rimedio contro la tristezza

*Il piacere di vivere sarà provato soltanto da chi evita il male e fa il bene.*

*Il piacere, quindi, non ha niente a che vedere con l'assenza di regole, bensì con una vita piena.*

Il piacere di vivere indica una qualità emotiva positiva. A lungo, però, è caduta in discredito, non soltanto a causa di una tradizione moralistica ostile al piacere. Anche nella pressione di un quotidiano povero di emozioni, improntato alla produttività e regolato da una serie di doveri, la capacità di vivere con piacere è spesso andata smarrita. Oggi non avremmo bisogno soltanto di una nuova sensibilità di provare piacere per l'attimo, ma anche di una spiritualità che invogli alla vita vera e non scacci ogni piacere con il dito puntato del moralismo.

La parola «piacere» si usa in modo diversi: «Ho voglia di (mi piace) un buon vino rosso» significa: avere il desiderio di qualcosa, sperando che ciò che desidero mi procuri una sensazione piacevole, gioia e godimento. Spesso, però, diciamo anche: «Non ho voglia di (non mi piace) lavorare». Non avere voglia qui significa: non ho nessuna motivazione. C'è qualcosa, dentro di me, che si ribella. Di persone che non sanno controllarsi, poi, diciamo che agiscono «come a loro pare e piace», ovvero che si fanno condizionare dalla voglia e dall'umore del momento. Non hanno alcuna sensibilità per ciò che si esige da loro, per il loro dovere. La parola tedesca *Lust* viene dal germanico *lutan* = «chinarsi, tendersi». Indica perciò l'inclinazione, la propensione per qualcosa. Esiste però anche un altro termine collegato a questo: la parola lituana *liudnas* = «triste». In apparenza, si tratta di un paradosso. A quanto pare, però, entrambe le esperienze sono strettamente collegate: un grande piacere, talvolta, porta anche alla tristezza. Ciò vale soprattutto per un desiderio appagato, che lascia poi tristezza nel cuore delle persone. Chi accetta il piacere, deve perciò accettare anche la tristezza. Altrimenti non è in grado di provare un autentico piacere. Oggi osserviamo persone che non sono più capaci di provare un grande piacere, perché non si lasciano strappare al loro tran tran quotidiano povero di emozioni.

In teologia, per lunghi secoli, il piacere non era un argomento molto amato. Gli si attribuiva, in maniera precipitosa, un significato morale, identificandolo con il piacere sessuale, per cui lo si considerava non tanto un appagamento, quanto un pericolo per l'essere umano. Eppure la filosofia greca aveva accolto il piacere come una molla emotiva del tutto positiva dell'agire umano. Il più grande filosofo greco, Platone, distingue però le diverse forme di piacere a seconda dell'obiettivo a cui mira. Se il piacere è volto ad alti valori morali oppure ad un obiettivo razionale e di elevata moralità, allora è un piacere degno dell'essere umano. Verso il piacere puramente terreno, invece, Platone è piuttosto scettico. Per lui il piacere ripristina l'equilibrio interiore dell'essere umano. È perciò benefico per la sua salute interiore. Agli antipodi filosofici di Platone, Aristotele ha invece sviluppato un'interpretazione diversa del piacere. Intende il piacere come elemento costituente di un'attività perfetta. Quando l'essere umano si immerge completamente in ciò che sta facendo, prova anche sempre piacere. Il piacere, quindi, accompagna le nostre azioni. Se esercitiamo in maniera perfetta le nostre capacità naturali, proviamo piacere.

I Padri della chiesa vedono il piacere come una qualità dell'uomo caduto, dell'uomo, quindi, il cui agire è condizionato dal peccato. Il piacere viene subito visto in associazione alla brama di piaceri terreni. È equiparato alla concupiscenza. Si parla dei «piaceri della carne», annoverandoli tra i sette peccati capitali. Ad essi i Padri della chiesa contrappongono la gioia dell'uomo redento. Dato che questa gioia, però, veniva intesa come puramente spirituale, l'intero ambito della gioia di vivere è spesso andato smarrito. Nel piacere, Agostino vede un amore sbagliato per il mondo. Tommaso d'Aquino, invece, il teologo medievale che tanto peso dava alla razionalità, aveva una visione più positiva del piacere. Per lui è un valore etico non soltanto il piacere spirituale, ma anche quello dei sensi. E in un trattato dedicato specificamente ai rimedi naturali contro le *passiones animae*, i dolori dell'anima, parla del piacere come rimedio alla tristezza e alla sensazione di essere feriti. La motivazione che fornisce è che la tristezza nasce spesso dal fatto che indulgiamo in ferite del passato oppure rimpiangiamo la perdita delle esperienze belle. Il piacere, invece, è sempre nel presente. «Ma poiché la percezione sensibile del presente muove più fortemente della memoria del passato [...] alla fine il piacere scaccia il dolore» (*S.Th*, q. 38,1)[1].

La psicoanalisi di Sigmund Freud si è occupata a fondo del piacere umano. Per Freud la ricerca del piacere [*Lust*] e l'elusione del dispiacere [*Unlust*] sono il motore principale delle azioni umane. Anche in Freud, però, si fa evidente che il piacere non dura a lungo. Chi vuole diventare adulto deve adattarsi alla realtà. E quest'ultima, spesso, non promette più alcun piacere. Per la psicologia odierna il piacere è una qualità importante del sentire umano. Se lavorando si prova piacere e si è in *flow* (nel flusso), il lavoro riuscirà più facile. Se si trova piacevole il camminare, anche il cuore ne è rallegrato. Se si va ad una riunione con piacere, sarà più facile che essa porti a dei risultati. E se una persona prova piacere nella unione sessuale, ciò favorisce la sua esperienza dell'amore. Il piacere torna a vantaggio della salute. E la psicologia dice che l'inibizione del piacere fa amma-

---

[1] TOMMASO D'AQUINO, *La somma teologica* 2, Edizioni Studio Domenicano, Bologna 1996, 304.

lare le persone. A chi si vieta il piacere, la vita resta sullo stomaco. E quella persona, in tal modo, fa ammalare se stessa.

Nella prefazione della sua Regola, rivolta a chi ha interesse per la vita monastica, san Benedetto chiede: «Chi vuole la vita?». In convento, quindi, non deve andare chi vuole eludere la vita, ma «chi vuole una vita piena e brama di vedere giorni felici» (cfr. *Prologo* 15)[2]. La voglia di vivere, però, non viene appagata se il monaco può fare tutto ciò che desidera. Con alcuni versetti di un salmo Benedetto indica quale sia invece la strada per una vita in pienezza: «Se vuoi possedere la vita vera ed eterna, frena la tua lingua nel male e le tue labbra non pronunzino inganno: allontanati dal male e fa' il bene; cerca la pace e seguila» (*Prologo* 17, cfr. *Sal* 34,14s.)[3]. Il piacere di vivere sarà provato soltanto da chi evita il male e fa il bene. Il piacere, quindi, non ha niente a che vedere con l'assenza di regole, bensì con una vita piena, con una vita vissuta in maniera conforme alla volontà di Dio. Benedetto è convinto che, all'inizio, il cammino verso la vita vera sia stretto e duro. Per chi decide di affrontarlo, però, «il cuore si dilata e, con indicibile soavità d'amore, si corre nella via dei precetti divini» (*Prologo* 49)[4]. Qui, nel testo latino, si parla della dolcezza dell'amore. L'amore, quindi, è qualcosa da

[2] *La Regola di san Benedetto*, Abbazia S. Maria di Rosano, Pontassieve 1994, 13-15.

[3] *Ibid.*, 15.

[4] *Ibid.*, 21.

assaporare. È capace di darci piacere. Ha un sapore dolce. A quest'amore, però, si arriva soltanto se il cuore si allarga e se ci si è lasciati alle spalle ogni senso di angustia.

# Compassione – immedesimarsi negli altri

*Dobbiamo aprire il nostro cuore all'altro, condividerne i sentimenti, soffrire insieme a lui.*

*È necessario, però, un ambito dentro di noi che non venga infettato dalla sofferenza dell'altro, uno spazio in cui possiamo ritirarci per sentire, da questa posizione riparata, il dolore dell'altro.*

La capacità di immedesimarsi negli altri è un'importante facoltà umana e costituisce la premessa necessaria alla compassione. Nel Terzo Reich la compassione era malvista. «Sia lodato ciò che indurisce», era la formula di un'ideologia tutta incentrata sulla virilità. L'obiettivo era il distacco dai propri sentimenti e dalla disponibilità a condividere il dolore altrui.

I miei confratelli di Münsterschwarzach furono degli oppositori del Terzo Reich. Evidentemente, però, non si resero affatto conto di avere interiorizzato a loro volta alcune delle idee propagandate in quell'epoca. Dopo la guerra, infatti, anche nel nostro convento valeva il motto: «La compassione è debolezza». Mio zio, padre Sturmius Grün, che rese sempre onore al suo nome, che significa «tempesta», ribellandosi sempre impetuosamente a tutto ciò che andava contro la sua sensibilità, tenne allora un'omelia di grande effetto sulla compassione. Se ne parla ancora oggi. La sua omelia fece sì che più nessuno pronunciasse quella frase. Mio zio descrisse la compassione come atteggiamento essenziale del cristiano.

La parola tedesca *Mitleid* è una traduzione del greco *sympátheia* e del latino *compassio*. Esprime la disponibilità a condividere i sentimenti dell'altro e a soffrire insieme a lui. Indica la solidarietà con la sofferenza altrui. Non significa però sdilinquirsi nel compatimento. In questo caso, infatti, non sarei davvero di aiuto all'altro. In un colloquio una donna, vittima di una grande sofferenza inflittale dal padre, mi disse: «Non voglio compassione. Per me da piccola è stato terribile sentirmi dire continuamente dalla gente: "Povera bambina, che cosa ti hanno fatto?". Non volevo compassione. Per me era soltanto un accrescere la mia sofferenza». Frasi del genere le prendo sul serio. Quella donna, evidentemente, aveva vissuto la compassione come condiscendenza. Una compassione del genere non le ha dato più forza, anzi, l'ha sminuita. Non voleva essere compatita. Voleva uscire dal circolo vizioso della sofferenza. Per questo aveva bisogno della solidarietà delle persone che erano disposte ad aiutarla davvero, a darle manforte. Se invece veniva compatita e basta, questo la paralizzava. Quell'atteggiamento la indeboliva. Voleva incoraggiamento, non compassione. In questo senso, compatire significa «fare pena». Il compatimento può quindi essere inteso come «procurare un dolore duraturo». Ferisco più e più volte la persona che compatisco, invece di aiutarla a rialzarsi e di darle forza.

Quando la Bibbia parla della compassione di Gesù, utilizza il termine *splanchnízomai*. Significa: essere commossi fin nelle viscere. Per i Greci le viscere sono la sede dei sentimenti vulnerabili. Gesù ha compassione del lebbroso (*Mc* 1,41). Si apre alla sofferenza dell'uomo incapace di accettare se stesso. È vulnerabile. Per questo sente l'amarezza celata in quell'uomo, il rancore che lo rode. Gesù, però, non ne viene consumato a sua volta. Può permettersi di avere compassione perché è una cosa sola con Dio. E là dov'è una cosa sola con Dio, la sofferenza dell'altro non ha accesso. Anche questa è una condizione importante per la nostra compassione: dobbiamo aprire il nostro cuore all'altro, condividerne i sentimenti, soffrire insieme a lui. È necessario, però, un ambito dentro di noi che non venga infettato dalla sofferenza dell'altro, uno spazio in cui possiamo ritirarci per sentire, da questa posizione riparata, il dolore dell'altro. Siamo solidali con il sofferente, ma non aboliamo i nostri limiti. Abbiamo dentro di noi uno spazio a cui il dolore dell'altro non ha accesso.

Nel *vangelo di Luca* Gesù ci esorta ad essere misericordiosi (*oiktírmōn*), così come Dio è misericordioso (*Lc* 6,36). Chi sa immedesimarsi nei sentimenti degli altri si avvicina a Dio nel massimo grado possibile per un essere umano. Comprende come è fatto

Dio e partecipa di lui. Anche i buddisti conoscono questa compassione. La estendono a tutto l'universo. Dobbiamo condividere i sentimenti delle persone, ma anche degli animali e delle piante, anzi, della natura intera. È un'interpretazione presente di sicuro, in embrione, anche nel cristianesimo, ma che spesso abbiamo trascurato. Al profeta Giona Dio dice: «E io non dovrei avere pietà di Ninive, quella grande città, nella quale vi sono più di centoventimila persone, che non sanno distinguere fra la mano destra e la sinistra, e una grande quantità di animali?» (*Gn* 4,11). Dio ha compassione delle persone disorientate, che non hanno un senso nella loro vita. Ma ha compassione anche degli animali. La condivisione dei sentimenti che Gesù esige da noi è quindi compassione con tutto ciò che esiste. La parola latina *compassio*, ripresa anche dall'italiano o dall'inglese (compassione, *compassion*) non indica soltanto la sofferenza passiva, il patimento, ma anche la passione, il trasporto. Chi condivide i sentimenti di qualcuno si impegna con passione per gli altri. Non resta passivo, ma si lascia spronare dalla sua passione a restare al fianco delle persone e a spendersi per il creato.

Ciò che vale per Gesù è descritto da Luca come atteggiamento fondamentale del cristiano. Il sacerdote e il levita passano oltre l'uomo caduto nelle mani dei briganti senza provare compassione. Del samaritano, invece, si dice: «Ne ebbe compassione = *esplanchnísthē*» (*Lc* 10,33). San Girolamo traduce questa parola con *misericordia motus est* = fu mosso, agitato da misericordia. La compassione è un moto del cuore. Mi apro al sofferente. Per il samaritano la compassione significa: rimboccarsi le maniche. Luca descrive il suo agire attivo: «Gli si fece vicino, gli fasciò le ferite, versandogli olio e vino; poi lo caricò sulla sua cavalcatura, lo portò in un albergo e si prese cura di lui» (*Lc* 10,34). Il samaritano non rimane arenato nel sentimentalismo. Il sentimento di compassione, invece, lo spinge all'azione. Ed è un fare molto attivo, che ci si può immaginare in maniera vivace: solleva sulle spalle l'uomo ferito e mezzo morto, caricandolo sulla sua cavalcatura. Non è una compassione condiscendente, ma una compassione che rialza chi è caduto, che sposta l'altro dove trova un vero aiuto. Il samaritano assiste l'uomo ferito. Ma non se lo porta dietro tutta la vita. Trova lo stesso l'occasione di occuparsi dei propri affari, di vivere la propria vita. Lascia il ferito all'albergatore. Si assume la responsabilità del ferito, ma a sua volta anche la cede.

Nella storia del samaritano viene descritto il mistero della nostra compassione. Avere compassione significa prima di tutto: condividere i sentimenti. Ma la compassione non resta arenata nel sentimentalismo. Ci spinge anche ad agire. Ci apriamo alla sofferenza dell'altro e riflettiamo su che cosa potremmo fare per ridurla o lenirla. La reazione, in un primo momento, è: capire, immedesimarsi, percepire. Non devo dargli dei consigli, ma devo incominciare a parlare con lui, in modo che possa dare voce alla sua sofferenza. Già questo gli è d'aiuto. Poi, però, posso chiedergli come potrei aiutarlo, di che cosa abbia bisogno nel suo dolore. L'altro non è soltanto un sofferente. Dentro di sé ha anche delle sorgenti a cui può attingere. Posso rammentargli l'esistenza di tali sorgenti, metterlo in contatto con esse. E posso invitarlo, attraverso la sua sofferenza, attraverso i suoi dolori, ad approdare nel fondo dell'anima, nello spazio interiore del silenzio, che non è infettato dal dolore, nel rifugio dell'anima, in cui è protetto e sicuro. Posso dimostrare all'altro compassione in maniera adeguata soltanto se anch'io sono a contatto con lo spazio interiore del silenzio in fondo alla mia anima, a cui la sofferenza dell'altro non ha accesso. Il mistico islamico Rumi dice: «Se vuoi essere abbracciato, apri le braccia».

# Invidia – pungiglione velenoso

*Chi si lascia condizionare dall'invidia ne viene divorato.*

*Chi è invidioso diventa insoddisfatto di se stesso.*

*L'invidioso non è mai in contatto con se stesso, ma ha sempre l'attenzione concentrata sugli altri.*

Provare malanimo per ciò che capita in sorte agli altri, sentirsi inferiori e penalizzati, non ritenere che l'altro si meriti la sua fortuna e «prendersela a male» per il suo successo: l'invidia avvelena l'anima, può essere paralizzante e agire come un pungiglione velenoso, e può sviluppare una forza distruttiva e aggressiva – fino all'odio verso l'altro. In Ovidio si dice che l'erba brucia sotto i piedi dell'invidioso. E già nella Bibbia se ne parla: Caino uccide suo fratello Abele perché è invidioso di lui. Dal VI secolo l'invidia viene annoverata tra i sette peccati capitali. Evagrio Pontico, lo psicologo tra gli scrittori monastici del IV secolo, inserisce quest'emozione tra le passioni spirituali.

L'invidia nasce dal continuo confronto con gli altri. Non siamo in noi, ma sbirciamo sempre che cosa fanno gli altri. «L'invidioso fa indigestione di quello che vede mangiare dagli altri», dice un proverbio. Non appena entriamo in un gruppo di persone, ci chiediamo: chi è più bello, chi è più intelligente, chi sa parlare meglio, chi sa presentarsi meglio, chi ha più successo? chi viene privilegiato rispetto a noi? Così non restiamo presenti in noi stessi, ma concentriamo sempre la nostra attenzione sugli altri. Chi si paragona agli altri non trova pace. Negli altri scopre sempre qualcosa che lui non ha. Ci saranno sempre persone che sanno cantare e parlare meglio di lui, che sono più belle di lui, che sono più ricche di lui. Si sente un poveraccio. Quando si è invidiosi, si bramano anche cose che, in realtà, non mancano affatto. Soltanto di rado l'invidia è ammessa apertamente. Chi però si limita a rimuovere o a reprimere l'invidia dentro di sé continuerà lo stesso ad esserne tormentato. In alternativa, l'invidia repressa porta all'odio e al disprezzo di se stessi. Chi si lascia condizionare dall'invidia ne viene divorato. Una persona del genere diventa insoddisfatta di se stessa. Non è mai in contatto con se stessa, ma ha sempre l'attenzione concentrata sugli altri. E in loro vede soltanto quello che vorrebbe avere anche lei. Dato che non ce l'ha, però, è malmostosa, prova rancore verso il destino e verso Dio, che non l'ha fatta come vorrebbe, e sente come un'ingiustizia il non aver ricevuto da lui i doni che le piacerebbe avere.

I sociologi parlano di una società dell'invidia. Nella società l'invidia è il motore a livellare tutto. Nelle società antiche l'invidia sociale era il motivo per cui, di tanto in tanto, si distruggevano i beni conquistati da alcuni, o li si ripartiva tra i rivali. Nell'antichità si temeva l'invidia degli dèi. Nessuno, perciò, osava superare i canoni delle cose abituali, per esempio guadagnando più degli altri o facendo una figura migliore. Anche oggi in alcuni paesi, per esempio in certi stati africani, l'invidia è uno dei più grandi ostacoli al progresso. Si invidia il successo a chiunque ce l'abbia. E si cerca o di partecipare del suo successo o di «spremerlo». Oppure, se qualcuno diventa troppo potente, si cerca di avvelenarlo. Un'invidia, però, che non sopporta che alcuni emergano sugli altri, impedisce ogni progresso e lo sviluppo di una società. Ai singoli che emergono sugli altri, infatti, si «tagliano subito le gambe», riportandoli in basso. Esiste, però, anche l'atteggiamento opposto: gli sforzi per ottenere maggiore giustizia vengono etichettati come «invidia sociale» per screditarli. Oppure l'invidia è usata come mezzo psicologico per incrementare i consumi. «Le tue amiche ti invidieranno» era lo slogan per una borsetta di lusso. Quest'osservazione dimostra che l'occuparsi dell'invidia non è una tematica soltanto personale o privata, bensì estremamente politica. Anche nella nostra società si ripresenta spesso il dibattito sull'invidia. Per esempio non si vuole concedere una retribuzione adeguata ai medici che, come medici di base, si impegnano ben oltre il minimo indispensabile per i loro pazienti. Soltanto se sempre più medici emigrano all'estero, ci si rende conto di dove porti il dibattito sull'invidia: a nessuno è più consentito di distinguersi dagli altri. Ma ciò ha come conseguenza che nessuno osa più darsi da fare oltre misura, né è motivato a farlo.

Come possiamo gestire l'invidia in maniera adeguata? Anche qui vale la linea di condotta dei primi monaci: dobbiamo parlarle. Volentieri la ignoriamo o la trattiamo come un sentimento nascosto. Dovremmo tirarlo fuori dall'oscurità e affrontarlo a viso aperto. Che cosa vuole dirmi l'invidia? Quali ambiti della mia vita sono inutilizzati e improduttivi? In che cosa vorrei essere diverso? L'invidia mi indica il mio senso di bisogno e i miei desideri più profondi. Vorrei avere successo, essere bello, essere migliore degli altri. Un modo di ridimensionare l'invidia è di immaginare in concreto: «Voglio essere come le persone che invidio. Fisicamente, voglio essere come quell'uomo o quella donna. Voglio avere tanti soldi quanto quello. Voglio essere considerato in società quanto quello o quella. Voglio essere intelligente, avere successo, vorrei saper cantare o parlare bene, vorrei sapermi imporre come quello o quella». Se immagino tutte le caratteristiche che invidio negli altri, forse mi rendo conto di quanto la cosa sia poco realistica. Forse, se incarnassi tutte queste caratteristiche, verrebbe fuori un mostro. Raffigurandomi nella mente ciò che invidio, riesco a distaccarmene. E allora può emergere il senso di riconoscenza per ciò che sono. Concedendo all'invidia di esistere, le sottraggo il potere che esercita su di me. Entro di nuovo in contatto con me stesso e cerco di vivere in sintonia con me stesso, con gratitudine. Allora scopro quante cose mi abbia donato Dio nella mia vita.

Se me ne rendo conto, posso essere anche benevolo nei confronti degli altri.

Se mi lascio dominare dall'invidia, essa porta all'odio nei confronti di chi sta meglio di me. Oppure, se ho la sensazione che non raggiungerò mai quello che hanno raggiunto gli altri, l'odio per gli altri si trasforma in odio per me stesso. Con un'espressione colloquiale diciamo che qualcuno «diventa verde d'invidia». Si dice anche: «Impallidisce dall'invidia». Esprimiamo così il fatto che l'invidia ci porta via il nostro colorito sano. Chi è invidioso si sente ferito dalla superiorità altrui. E si può dire anche: l'invidia porta ad una valutazione malata di se stessi e, alla fine, allo stare male fisicamente. Dato che non riesco a raggiungere ciò che invidio, indirizzo tutta l'aggressività verso me stesso e divento depresso. Uccido tutta la gioia dentro di me e mi sottraggo da solo ogni energia per metter mano a qualcosa e cambiarlo in positivo. L'energia si perde – nell'invidia per gli altri.

L'invidia fa parte dell'essere umano. I primi monaci avevano sufficiente realismo per rendersene conto. Ci indicano delle strade per come gestire l'invidia. Se lottiamo contro di essa, svilupperà una forza contraria dentro di noi. Continuerà a venire a galla. L'unica strada per superare l'invidia è il dialogo amichevole con essa. Allora non ci condanneremo se sentiamo dell'invidia dentro di noi. Ammettendo la nostra invidia, confessiamo il nostro senso di bisogno e il nostro desiderio profondo. E allo stesso tempo ammettiamo che i nostri bisogni spesso non sono realistici o sono infantili. Vogliamo essere sempre e ovunque i più grandi, i più belli e quelli con più successo. Esaminando questi bisogni, possiamo prenderne le distanze e riconciliarci con la nostra situazione per come la viviamo. Allora diciamo sì a noi stessi e siamo grati per quello che Dio ci ha donato. Non guardiamo più gli altri, ma noi stessi. Possiamo allora sviluppare delle energie che ci fanno puntare positivamente a nuovi obiettivi, senza indirizzarle in maniera distruttiva contro gli altri. Assaporiamo la nostra vita, regalataci da Dio, senza sbirciare di continuo verso gli altri, pieni di invidia e di livore.

# Senso di impotenza – accettare i limiti

*Nel concetto di impotenza è già racchiusa l'idea dell'essere inermi: non posso raggiungere nulla, non posso fare nulla, non posso ottenere nulla.*

*Dobbiamo renderci conto delle sensazioni di impotenza e fare la pace con esse.*

Spesso ci sentiamo impotenti e inermi verso le nostre dipendenze, verso le nostre emozioni, che ci sopraffanno. Ci sentiamo come in balìa degli altri. Non riusciamo a difendercene. Nessuno stratagemma psicologico ci aiuta. Non appena incontriamo l'altro ci sentiamo impotenti.

L'esperienza della propria impotenza appartiene in maniera sostanziale all'essere umano. Sigmund Freud si è occupato a fondo dell'esperienza dello stato di impotenza e debolezza infantile. Il bambino piccolo sperimenta la propria dipendenza dalla madre e dalle cose del mondo esterno. Ciò spesso suscita in lui il senso di essere inerme. Dopo una fase in cui si sente protetto dalla madre, il bambino si vive come incapace di intervenire sulla propria realtà. Il mito della caduta degli angeli dal paradiso esprime perfettamente questa sensazione: il bambino si sente come caduto dal cielo. Ora sperimenta la sua impotenza nei confronti delle persone, delle cose e dei propri sentimenti. I bambini si sentono così se i genitori litigano davanti ai loro occhi. Possono sforzarsi il più possibile di fare da pacieri, tutto è inutile. I bambini si sentono impotenti se vengono picchiati e se non possono fare nulla contro la violenza spesso brutale degli adulti. Dato che non hanno possibilità, spesso si viene a creare una rabbia impotente, la cui conseguenza è che ci si deve chiudere a qualunque dolore per riuscire a sopravvivere. Se un bambino è trattato ingiustamente può protestare, ma spesso la protesta resta priva di conseguenze. Il bambino resta inerme in balìa dell'ingiustizia. Se un bambino viene rifiutato benché si sforzi al massimo di ottenere l'affetto della madre, si viene a creare un profondo senso di impotenza. Da bambini non avevamo alcuna possibilità di imporci con i genitori e di far valere i nostri bisogni. Spesso un senso di impotenza del genere riemerge se, da adulti, incontriamo qualcuno che ci ricorda gli onnipotenti genitori o insegnanti. La molla che fa scattare questo meccanismo è una situazione in cui ci sentiamo inferiori o siamo vittime di un trattamento ingiusto.

Questa esperienza infantile prosegue nell'adulto. Si sente impotente perché non si ritiene all'altezza di quanto gli richiede la vita. E si sente impotente nei confronti della situazione politica o sociale, se ha la percezione di non aver alcuna *chance* verso l'ingiustizia del mondo, il terrorismo, la violenza e la guerra.

In quanto segue vorrei descrivere alcuni di questi stati d'animo, chiedendomi se esista una via d'uscita o una possibilità di gestire positivamente esperienze del genere.

Molti fanno l'esperienza di sentirsi impotenti verso i propri difetti e le proprie debolezze. Nonostante tutte le lotte e i tentativi di lavorare su se stessi, ricadono sempre negli stessi errori. Dicono: «Mi ripropongo sempre di non sparlare degli altri. Ma nessuno dei miei propositi ha successo». Si ripropongono di non parlare più male degli altri, eppure continuano a sorprendersi di averlo rifatto. Molti soffrono perché i loro sforzi non servono a niente, restano gli stessi.

Alcuni si sentono impotenti di fronte alla loro paura. Hanno letto libri di psicologia, hanno fatto una terapia e parlato nel dettaglio delle loro fobie. Eppure si sentono inermi non appena la paura riemerge. In quel momento tutte le loro conoscenze risultano inutili. La paura li afferra e basta. Sanno di essere nelle mani di Dio, ma appena salgono su un aereo o si apprestano a subire un'operazione, tutte le parole devote non servono a niente, la fede sembra non avere alcun potere di fronte alla paura. Una paura irrazionale si insinua dentro di loro e le sovrasta come un subdolo animale. La testa e il cuore non possono farci niente.

Altri non riescono a padroneggiare le proprie emozioni. Non vogliono essere gelosi. La gelosia, però, affiora semplicemente non appena la propria moglie chiacchiera animatamente con un altro uomo, oppure se il fidanzato trascorre più tempo con gli altri. Tutte le proteste della moglie o del fidanzato, che dicono di amare solo loro, non hanno il minimo effetto. La gelosia ritorna, come un riflesso, non appena si verifica una situazione analoga. Altri si sentono impotenti verso le proprie pulsioni, ad esempio la loro sessualità o la loro bulimia. Tutti gli sforzi della volontà non servono a niente. Quelle persone continuano ad essere dominate dalle loro pulsioni. Per quanto lottino contro i loro problemi alimentari, falliscono una volta dopo l'altra. Quest'esperienza si lascia dietro una sensazione di impotenza e di rassegnazione.

Chi soffre di una malattia psichica si sente spesso impotente verso la propria patologia. Una donna soffre di una compulsione a lavarsi. Nessun accompagnamento terapeutico, finora, è riuscito a liberarla dalla coazione. Prova l'impulso a lavarsi non appena si siede su una sedia con un'imbottitura. Ma anche senza pensare ai malati, tutti conosciamo delle coazioni di cui siamo in balìa, senza poterci fare niente. Uno, ad esempio, soffre della compulsione a controllare, la sera, se le porte sono chiuse a chiave. Un altro è costretto ad accertarsi che, sulla sua scrivania, tutto sia al suo posto. Ogni volta che reagiamo in maniera suscettibile ad una critica ci arrabbiamo, eppure non riusciamo a cambiare. La prossima volta che il discorso cade su certi problemi ci sentiamo di nuovo punti sul vivo. Ci sono quindi svariate situazioni psichiche davanti alle quali ci sentiamo impotenti.

Esistono poi le sensazioni di impotenza nei confronti di altre persone. Anche qui le cause vanno spesso ricercate nelle esperienze infantili. Una donna non riesce a difendersi dalla madre. Se quest'ultima la critica e la punge sul vivo, è come paralizzata. In quel momento tutti i colloqui avuti con altri su questo problema, in cui ha sviluppato delle strategie per mettere dei paletti, non servono a niente. La madre ha una fine sensibilità per colpire la figlia. Basta che le rimproveri che così non troverà mai marito e già esercita potere su di lei. E la figlia non riesce a sottrarsene. Un uomo, altro esempio, non ha difese nei confronti del padre. Il padre sa fare tutto, è intelligente e sminuisce di continuo ciò che fa il figlio. Per quanto il figlio si sforzi, non può farci niente. Non potrà mai soddisfare le aspettative del padre. E soprattutto non riesce a difendersi dalle sue punzecchiature e dai suoi giudizi che lo sviliscono. Un altro ancora non riesce ad imporsi con il suo capo. Non appena quest'ultimo si mette a urlare, trasalisce, facendo però lo stesso, pieno di rancore, quello che il capo vuole. Si ripropone di dire sempre dove siano i suoi limiti, di che cosa possa farsi carico e di che cosa no. Ogni volta, però, cede, se il superiore alza la voce.

Nel concetto di impotenza è già racchiusa l'idea dell'essere inermi: non posso raggiungere nulla, non posso fare nulla, non posso ottenere nulla. Ma questo non è vero. Dobbiamo renderci conto delle sensazioni di impotenza e fare la pace con esse. Non posso modificare i miei sentimenti come vorrei. Non posso strutturare il rapporto con le altre persone come mi piacerebbe. Il senso di impotenza, però, è un invito a cercare nuove possibilità alternative di rapportarmi a me stesso e agli altri. C'è una regola di fondo della psicologia e della vita spirituale che dice: «Posso cambiare soltanto quello che ho accettato». Spesso, nel nostro senso di impotenza, non accettiamo né noi stessi né gli altri. Abbiamo interiorizzato certe idee a tal punto che ci rifiutiamo di accettare la realtà. Soltanto se accetto me stesso con le mie emozioni e con la mia reazione a certe persone posso, lentamente, cambiare qualcosa. Chi infuria contro se stesso sperimenta soltanto con maggiore intensità l'impotenza a cambiare. A chi, invece, si accetta, è consentito fare l'esperienza che piano piano qualcosa dentro di lui si trasforma. Non siamo impotenti verso noi stessi e verso il mondo. Dobbiamo soltanto riconoscere con chiarezza dove sia il nostro potere e dove, invece, dobbiamo semplicemente accettare che il mondo è così com'è.

# Sete di vendetta – senza freni e senza misura

*La sensazione di volerci vendicare ci mette in contatto con la nostra forza aggressiva.*

*Il significato positivo della forza aggressiva sta nel fatto che non restiamo semplici vittime, ma ci liberiamo dal ruolo di vittima.*

*Se lasciamo libero corso alla sete di vendetta, diventiamo a nostra volta degli aguzzini, trasformando gli altri in vittime.*

Se abbiamo subito una ferita profonda da parte di un'altra persona, in noi affiorano sentimenti di vendetta. Vogliamo ricambiare l'ingiustizia e ottenere compensazione vendicandoci dell'altro e nuocendogli a nostra volta. Il sentimento di vendetta ha una forte dinamica interna e la tendenza a diventare illimitato, senza freni e senza misura. Quanto più è profonda la ferita, tanto più forte è la sete di vendetta. Siamo talmente perseguitati da questo sentimento che vorremmo uccidere e umiliare l'altro e che ci raffiguriamo nella mente i metodi di tortura e le sevizie più brutali. Spinti dalla sete di vendetta, possiamo essere provocati a non limitarci a fantasie violente, ma a mettere in atto un effettivo comportamento sconsiderato. Nonostante l'impulso a riparare al torto subito, la sete di vendetta spesso diventa arbitraria e ingiusta a propria volta.

Quando gli eroi delle leggende dell'antichità sono colpiti dalla sete di vendetta, diventano folli. E nella loro ira e furia alimentano forze insospettate e devastanti. La sete di vendetta, tuttavia, non è affatto soltanto un problema delle società arcaiche. Ci è ben difficile impedire che anche dentro di noi affiorino pensieri di vendetta se ci sentiamo feriti. È però una nostra decisione come gestire la sete di vendetta. Nella sete di vendetta si cela l'impulso a difenderci dall'ingiustizia, accompagnato dall'anelito alla giustizia. La giustizia infranta dev'essere ripristinata. Pertanto la sete di vendetta ci porta a contatto con la nostra forza aggressiva, il cui effetto positivo sta nel fatto che non restiamo semplici vittime, ma ci liberiamo dal ruolo di vittima. Se però lasciamo libero corso alla sete di vendetta, diventiamo a nostra volta degli aguzzini, trasformando gli altri in vittime. Questo non porta da nessuna parte. Quando sentiamo dentro di noi l'impulso alla sete di vendetta, dobbiamo piuttosto prenderlo come stimolo a gettare chi ci ha ferito fuori di noi, liberandoci così dal suo potere.

Talvolta la nostra sete di vendetta si esprime in fantasie di vendetta. Nella fantasia ci immaginiamo di umiliare a parole chi ci ha offeso o ci ha fatto del male. A volte queste fantasie di vendetta diventano brutali. Vorremmo offendere l'altro a nostra volta, anzi, in certi casi persino ucciderlo. Simili fantasie di vendetta ci portano a contatto con la forza di prendere le distanze dall'altro. Lasciar libero corso ad esse, però, non ci fa bene. C. G. Jung mette in guardia dal lasciare libero corso alle proprie fantasie di vendetta. In questi casi, infatti, nella fantasia varchiamo il limite delle nostre norme e dei nostri valori umani. Ciò può poi portare ad un comportamento eccessivo e nocivo anche nella realtà. Non dobbiamo reprimere la sete di vendetta. Se affiora dentro di noi, è sempre un segno di quanto profondamente ci sentiamo feriti. Dobbiamo esaminarla con consapevolezza, per poi riflettere su come proteggerci dalla ferita. La difesa può consistere nel dare dei limiti ben chiari all'altro. La difesa può però esprimersi anche in una pena giudiziaria. La pena decretata dai tribunali per un torto deriva sempre, in fondo, dall'idea della vendetta e da quella della compensazione. A noi, però, non è lecito farci giustizia da soli. La Bibbia ci ripete a più riprese a chiare lettere che è Dio ad esercitare la vera vendetta e che essa non spetta a noi. Nella nostra sensazione di offesa e nel nostro desiderio di giustizia dobbiamo rivolgerci a Dio. Lui può punire l'empio e ripristinare la giustizia. I Salmi trasformano la sete e i sentimenti di vendetta nell'anelito alla giustizia di Dio. Esprimendo la nostra sete di vendetta davanti a Dio, il sentimento può cambiare. Il sentimento represso ci nuoce quanto quello vissuto. Esprimendolo nella preghiera si può trasformare nella fiducia che Dio ripristina la giustizia, che agli empi, alla lunga, le cose non andranno bene. La promessa della Bibbia è: Dio interviene a favore dei poveri e spodesta i loro oppressori.

# Rassegnazione – senza energia, senza speranza

*Restare distesi nella tomba della rassegnazione è comodo: non ci si fa più carico di alcuna responsabilità.*

*Rialzarsi dalla tomba della rassegnazione significa: tornare a far valere il proprio impegno per la vita, per i propri ideali, lavorare pieni di speranza per un mondo migliore.*

Nell'accompagnamento spirituale incontro con regolarità persone rassegnate. Hanno smesso di lottare per gli obiettivi e per i valori che un tempo stavano loro a cuore. Non si aspettano più niente dalla vita. Il loro atteggiamento è questo: non vale la pena dedicare il proprio impegno a una causa o lavorare su se stessi. Dicono: Tutto è inutile. Hanno perso la speranza nel cambiamento e non hanno più fiducia nel fatto che alla vita si possa ancora dare un'impronta in maniera attiva o che l'esistenza possa prendere una piega positiva per loro e per gli altri.

La parola «rassegnazione» viene dal latino *re-signare*. *Signare* significa: imprimere un segno, siglare. A uno scritto importante si imprimeva un sigillo, conferendogli così validità. *Re-signare* significa che tolgo il segno che avevo impresso. Rinuncio alla rivendicazione, rinuncio a ciò che c'è scritto nel documento. In senso militare significa: abbassare le insegne militari (*signum*), ovvero capitolare, perché è svanita la prospettiva di vittoria. Se oggi parliamo di rassegnazione intendiamo: rinuncia, resa e fatalismo. Spesso un atteggiamento del genere arriva di soppiatto, ma alla fine è chiaro: a dominare è lo stallo. Rinunciamo ai nostri desideri e non abbiamo più alcuna aspettativa. Ci pieghiamo a ciò che, in apparenza, è impossibile cambiare, abbandonandoci al nostro destino.

Questo piegare la testa, però, non ha in sé il minimo elemento di libertà interiore. È invece accompagnato da sentimenti depressivi e privi di ogni speranza. In fondo, ci diamo per vinti. Un atteggiamento del genere non è nemmeno una virtù spirituale. Abbandonarsi a Dio è un segno di spiritualità. Gettare la spugna, rassegnati, invece, è in contrasto con la spiritualità cristiana. È contrario, soprattutto, alla virtù cristiana della speranza. Chi è rassegnato non ha più speranza. Vivacchia e basta, senza passione interiore, con sentimenti smorzati o in completa apatia.

Se, nell'accompagnamento spirituale, incontro persone che si sono abbandonate alla rassegnazione, non spetta certo a me giudicarle. Semplicemente mi rendo conto di questo stato d'animo. E, grazie ai racconti di molte biografie, sono consapevole di una cosa: queste persone per anni hanno cercato di lavorare su se stesse. Poi, però, qualcosa, come una malattia, le fa uscire dalla carreggiata consueta e annienta tutti gli sforzi per avere una vita serena. In altri casi le persone hanno speso il loro impegno per la chiesa, per la loro comunità, per l'azienda o per la famiglia. Ma tutti gli sforzi sono stati inutili. La chiesa non si smuove. La comunità in cui vivono ha gettato la spugna. Si è fossilizzata. E l'azienda è gestita da amministratori estranei che non si preoccupano della cultura aziendale, pensano soltanto ad un rapido profitto e lasciano decadere i valori sociali. Oppure la loro famiglia, nonostante tutti gli sforzi, si è spaccata, perché le liti per l'eredità hanno diviso i fratelli. All'inizio si erano ancora fatti degli sforzi per la riconciliazione, ma tutti i tentativi sono falliti, per cause diverse. Adesso si è rassegnati. Ma non si è contenti di questa rassegnazione. Ci si rende conto che è un peso e butta giù.

La rassegnazione toglie tutte le energie che servirebbero per lottare. Tanto non ne vale più la pena. Ci si adatta, semplicemente, alla propria vita angusta, oppure ci si rifugia in una serie di attività, per sfuggire alla rassegnazione. La sensazione di fondo di ogni frenetica alacrità, però, è ugualmente la rassegnazione. Da noi non si sprigiona più alcuna energia, nessuna speranza in un futuro migliore.

La metafora nascosta nella parola «rassegnazione», però, può anche indicare una soluzione: se abbiamo tolto il sigillo da un documento, invalidandolo, ne possiamo redigere uno nuovo, in cui formulare i nostri desideri e le nostre rivendicazioni per la vita.

Alcuni, che si sono abbandonati alla rassegnazione in alcuni ambiti, però, hanno anche abbandonato la speranza in un nuovo libro della loro vita. Non si sono rassegnati soltanto nella lotta per i loro ideali. Si sono proprio dati per vinti. Quest'atteggiamento è come un veleno che penetra in profondità e che fa ammalare l'intera esistenza, distruggendola alle radici. Chi è rassegnato in questo modo, non riesce più a gioire di nulla. E sminuirà altre persone che si danno da fare per qualcosa, ridicolizzando il loro impegno. Chi è infettato dalla rassegnazione, infatti, non riesce a sopportare, o ci riesce soltanto a fatica, che altri siano ancora capaci di entusiasmarsi per un progetto o per un'idea. Chi non riesce più ad entusiasmarsi, non ha nemmeno più la minima energia dentro di sé. I neuroscienziati dicono che proprio l'entusiasmo crea nuove sinapsi, nuove connessioni nel cervello. Io, personalmente, provo sempre tristezza quando parlo con persone rassegnate. Non è soltanto il fatto che si sono date per vinte. Sprigionano soltanto pesantezza, stanchezza, scetticismo. Spesso la rassegnazione si esprime con il cinismo, che demolisce gli altri e diffonde un'atmosfera di negatività. La parola «cinico» viene dall'antica scuola filosofica dei cinici, il cui nome derivava da *kýōn*, cane. Con questo si intende: persone del genere si comportano «da cani», commentando tutto in maniera mordace e spudorata e gettandosi come cani sulle idee e sulle forme di esistenza comunemente accettate.

La risposta cristiana alla rassegnazione è la risurrezione. I cristiani ne sono convinti: Gesù è risorto dalla tomba, Una speranza così forte da superare anche la morte ha una conseguenza nella nostra vita: dobbiamo rialzarci dalla tomba della nostra rassegnazione insieme a Gesù. La rassegnazione è paragonabile ad un sepolcro. Ci si è adattati ad essa, ma tutto è morto, si decompone e marcisce a poco a poco. Restare distesi nella tomba della rassegnazione, però, è comodo e nel ruolo dell'osservatore si può commentare senza conseguenze e in piena tranquillità tutto ciò che si vede. Ma non ci si fa più carico di alcuna responsabilità. Rialzarsi dalla tomba della rassegnazione significa: tornare ad essere attori nella lotta della vita, tornare a far valere il proprio impegno per la vita, per i propri ideali, lavorare pieni di speranza per un mondo migliore.

Il nostro tempo è contraddistinto dalla rassegnazione. C'è molta rassegnazione in politica, nella chiesa e nella vita personale. Non posso incitare una persona rassegnata all'entusiasmo, o addirittura persuaderla a provarlo. Appelli del genere le rimbalzeranno contro senza scalfirla. Posso però chiederle: Che vantaggio ne hai a startene sdraiato nella tomba della rassegnazione? Perché, di fatto, ti sei rassegnato? I tuoi ideali forse erano troppo eccelsi? Forse non riesci a perdonare a te stesso e agli altri la mediocrità?

Esiste una rassegnazione positiva: in questo senso, rassegnarsi significherebbe riprendersi il sigillo dal documento delle mie esagerate aspettative e illusioni, per poi redigere una lettera, un copione della mia vita con ciò che davvero le dà senso.

# Pentimento – dolore dell'anima

*Nel pentimento è sempre insito anche un «no» attivo al comportamento del passato, oltre alla volontà di cambiare qualcosa nella mia vita e di manifestare un nuovo comportamento.*

Nella radice della parola «pentimento» si trova il termine «pena», nel senso di sofferenza. La parola indica la sofferenza psichica per qualcosa che abbiamo fatto, ma anche che non abbiamo fatto. In ambito cristiano il pentimento è definito come il «dolore dell'anima e l'orrore per il peccato commesso, accompagnato dal proposito di non peccare più in futuro» (Rahner, *Reue*, 300). Qui sono importanti due aspetti: da una parte il dolore dell'anima per il peccato e poi una disponibilità attiva a cambiare e a migliorare qualcosa nel mio comportamento. Nella tradizione cristiana questo «migliorare» prende il nome di penitenza. Il pentimento e la penitenza, quindi, sono sempre collegati. La tradizione parla della contrizione del cuore. Ci si raccoglie e ci si pente della propria colpa. Questo processo è associato ad una sensazione negativa, dolorosa. Ci si muove dei rimproveri e ci si dilania con i sensi di colpa. La contrizione, però, deve portare ad un nuovo comportamento. Il pentimento autentico è spesso accompagnato dalle lacrime. Se comprendo davvero quanto profonda sia la ferita che ho inflitto all'altro con il mio comportamento, sento un forte dolore nel cuore e il pianto ne è l'espressione adeguata.

C.G. Jung ha incontrato nella sua terapia persone che si erano adattate al pentimento. Ritiene che persone del genere abbiano dimenticato l'aspetto attivo del pentimento, che consiste nel mutar vita. Per contro, persone del genere restano arenate nell'emozione del pentimento. Jung usa la metafora che alcuni si mettono comodi nel pentimento così come quella gente che, in una fredda mattina d'inverno, resta al calduccio sotto il piumone, invece di alzarsi. Un pentimento così inteso diventa allora un surrogato della vita. Certo, ci si pente, ma da questo non si trae la minima conseguenza, non si cambia nulla. Si assaporano addirittura le autoaccuse legate al pentimento, che diventano allora una scusa per non assumersi le responsabilità delle proprie azioni. Il pentimento in senso proprio, tuttavia, è qualcosa di più di uno choc emotivo, non è soltanto una geremiade post-fallimento. Nel pentimento è sempre insito anche un «no» attivo al comportamento del passato, oltre alla volontà di cambiare qualcosa nella mia vita.

Il pentimento vuole portare alla conversione. Talvolta, però, assume più che altro il carattere di accusa e punizione di se stessi. Anche in quest'atteggiamento ci si può arenare, per poi, dopo poco, riprendere il vecchio comportamento. Un simile pentimento, tutto emotivo, talvolta addirittura consolida il comportamento sbagliato. Perciò è importante, nel pentimento, non dilaniarsi, ma distanziarci da ciò che è stato per volgerci con forza al nuovo modo di agire.

Al di fuori del contesto cristiano della confessione, di pentimento si parla oggi senz'altro anche nella società. Si esige, per esempio, che i terroristi si pentano delle loro azioni, perché altrimenti non è immaginabile scarcerarli. Qui il pentimento è inteso come ammissione chiara di colpa. Vi si associa la disponibilità a chiedere perdono alle vittime. Questo, allora, è un segno di pentimento attivo. Il pentimento è il voltare le spalle alle azioni e al comportamento del passato e la disponibilità a ricominciare da capo. È dunque un'emozione che rielabora il passato e se ne distacca, spingendomi poi a cercare una nuova rotta e a manifestare un comportamento nuovo.

# Godere delle disgrazie altrui – un sentimento naturale

*Se esamino la mia gioia maligna, essa diventerà la chiave della mia anima.*

*La gioia maligna fa venire alla luce molte cose nascoste nella mia anima, la mia aggressività nascosta o la mia invidia.*

Proviamo imbarazzo a godere delle disgrazie altrui. La gioia maligna è considerata indecente. In segreto siamo contenti se l'altro subisce un danno, se qualcosa gli va storto, se commette un errore, se fa brutta figura davanti agli altri. Per quanto la gioia maligna sia condannata, però, la sentiamo e basta se diventiamo spettatori di una situazione penosa per qualcuno che conosciamo.

La gioia maligna c'entra sempre con il nostro rapporto con la persona che subisce un danno. Nella gioia maligna viene alla luce l'aggressività repressa verso l'altro. Di norma, infatti, non proviamo gioia maligna se capita qualcosa di brutto a un nostro buon amico. Se però vediamo l'altro come rivale, se non riteniamo giusto il suo successo o gli invidiamo il suo *status*, allora, segretamente, siamo contenti che non tutto gli riesca. E se lo sventurato si è anche comportato male, se, quindi, la sua disgrazia sembra ripristinare la giustizia, allora forse manifestiamo questo sentimento persino in pubblico.

Un altro motivo per godere delle disgrazie altrui, però, sta anche nel fatto che la disgrazia non colpisce noi, ma un altro. Sentiamo che anche a noi sarebbe potuto succedere lo stesso guaio e siamo contenti che la disgrazia non ci abbia colpiti. Grazie a Dio non è toccata a me. È come se questo ci aiutasse a sfogarci. Godere delle disgrazie altrui è quindi un modo di scaricare la propria paura che ci possa capitare la stessa cosa che è successa all'altro. Me la sono cavata ancora una volta. È quindi una sensazione di libertà e liberazione interiore – e in questo senso la gioia maligna è senz'altro un sentimento naturale.

Ciò che conta è sempre come gestiamo la gioia maligna che affiora dentro di noi, che lo vogliamo o no. Persino nei confronti del migliore amico, quando ci racconta che cosa gli è capitato, può, occasionalmente, affiorare una gioia maligna. Ben più forte, però, sarà la gioia maligna dentro di noi se qualcosa va proprio storto a una persona verso cui nutriamo del malanimo. La prima sensazione di godere delle disgrazie altrui può senz'altro essere un sollievo per noi: non siamo obbligati a lottare contro l'altro, ha già il destino contro. La nostra gioia maligna, però, diventa scorretta se ridiamo con perfidia dell'altro, se lo prendiamo in giro, se lo mettiamo alla berlina di fronte a terzi. Allora la nostra reazione si trasforma in un'offesa dell'altro, lo ridicolizziamo. Nel suo guaio, l'altro ben difficilmente può difendersi dal nostro scherno. Così, a nostro modo, esercitiamo un sottile potere su di lui e non di rado lo umiliamo.

Che la gioia maligna venga a galla dentro di noi non è qualcosa che possiamo impedire. È una nostra decisione, però, come gestirla. Non dobbiamo mai lasciar agire la gioia maligna in un modo che ferisca l'altro e lo metta in ridicolo di fronte a terzi. Se però la reprimiamo, spesso la esprimiamo in un compatimento che, tuttavia, suona falso e ferisce ancora di più l'altro. L'importante è rendersi conto della gioia maligna dentro di sé, accordarle il diritto di esistere e trasformarla in gratitudine perché il guaio non è capitato *a me*. Se sono attento al mio modo di gestire la gioia maligna, essa può trasformarsi in una premura sincera per l'altro. C'è la gioia che la disgrazia sia capitata all'altro, ma c'è anche il desiderio che il danno non sia troppo grande e che, alla fine, non gli nuoccia lungo il suo cammino.

Se esamino la mia gioia maligna, essa diventerà la chiave della mia anima. Mi fa scoprire molte cose nascoste nella mia anima, la mia aggressività segreta o la mia invidia. E mi dimostra che, in fondo, mi paragono sempre agli altri. Nella gioia maligna mi sento migliore dell'altro. Posso assumere una posizione di superiorità nei suoi confronti e, contemporaneamente, ho la sensazione di vivere in maniera migliore o più disciplinata di lui, e che non è tanto facile che a me capiti la stessa cosa. Se però analizzo fino in fondo queste riflessioni, mi renderò conto di una cosa: non ho nessuna garanzia per la mia vita. Per quanto possa crearmi delle sicurezze, anche a me può capitare un guaio, anch'io posso avere sfortuna. La gioia maligna, quindi, in fondo mi porta a provare gratitudine per la mia vita e per il fatto che, finora, Dio mi ha preservato da grandi sventure. E soltanto se provo gratitudine per la mia vita divento capace di pregare anche per l'altro, che riesca a reagire bene a ciò che lo ha colpito e che Dio lo protegga.

# Vergogna – tutelare la nostra dignità

*È importante che esaminiamo la nostra vergogna e chiariamo dove ci fa bene e dove, invece, ci impedisce di vivere in maniera conforme alla nostra natura.*

Ci vergogniamo se abbiamo fatto un errore e se facciamo una figuraccia di fronte agli altri per una manchevolezza. Ci vergogniamo se altri vedono le nostre parti intime o il nostro corpo nudo. E ci vergogniamo se qualcuno ci mortifica, ci toglie la nostra dignità. In greco esiste la parola *aidṓs*, che indica la soggezione verso qualcosa di prezioso, il timore di Dio, ma anche la riverenza verso alcune persone, soprattutto quelle ai posti più alti della scala sociale. Esiste però anche un altro significato, espresso in greco con il termine *aischýnē*. Questo tipo di vergogna ha a che fare con il concetto di onta. Ci vergogniamo se siamo diventati un'onta per qualcuno, se siamo per loro oggetto di scandalo, se li facciamo vergognare.

Nel racconto sul giardino di Eden, nella *Genesi*, Adamo ed Eva si vergognano quando si rendono conto di essere nudi. A partire da questo racconto biblico, la vergogna è stata spesso associata alla sessualità. Ci vergogniamo della nostra nudità, proviamo pudore per i nostri organi sessuali. Perciò li copriamo. Li trattiamo con riguardo, non vogliamo mostrarli ad altri. La vergogna, però, è un sentimento che non c'entra soltanto con la sessualità. Si può riferire anche ad un comportamento sbagliato. Alcuni si vergognano di se stessi perché non sono come vorrebbero. Altri si vergognano soltanto se gli altri vedono i loro errori e le loro debolezze. Altri ancora si vergognano anche per gli errori di terze persone a cui si sentono legati. La vergogna può essere un'emozione che ci umilia. Nel linguaggio colloquiale diciamo: «mi vergogno da morire». Vale a dire: vorrei che il terreno mi sprofondasse sotto i piedi, così da diventare invisibile agli altri. Così come sono, con questo comportamento sbagliato, non mi sopporto. La vergogna, però, può essere anche una difesa di qualcosa di molto personale, della sfera intima della mia persona. Ne fa parte la sessualità, ma anche i miei segreti più riposti. Mi sento mortificato se qualcuno racconta in giro ciò che gli ho detto in confidenza. Davanti ad una persona di cui mi fido posso mostrare tutto ciò che ho dentro. Se però la gente non vuole far altro che rimestare nelle mie debolezze, mi vergogno, voglio difendermi da loro.

Ci vergogniamo se veniamo mortificati. Talvolta i bambini si sentono mortificati se i genitori, davanti ai parenti, raccontano che cosa hanno detto o fatto, oppure se parlano con altri delle paure e dei comportamenti dei figli. Allora abbiamo la sensazione di non poterci difendere. Si parla del nostro intimo, e soprattutto davanti a persone a cui vorremmo nasconderlo. Si viola un confine che vorremmo tutelare. Non vogliamo che tutti possano guardare nel nostro cuore. Abbiamo la sensazione di custodire un segreto, la sfera sacra della nostra persona, i nostri ambiti intimi, non soltanto la sessualità, ma anche i nostri pensieri e i sentimenti più personali.

Ci sentiamo mortificati se facciamo l'esperienza che qualcuno ci umilia o ci degrada. La vergogna più profonda è quella che provano i bambini vittima di abusi sessuali. La vergogna li chiude alle altre persone e spesso anche a se stessi. La vergogna è l'unica possibilità dei bambini di proteggersi dall'abuso, perché altrimenti crollerebbero. La vergogna, però, può anche paralizzare. È bene se i bambini riescono a parlare del loro senso di vergogna. Di frequente, però, quando lo fanno vengono feriti nuovamente. C'è bisogno di estrema cautela per parlare con qualcuno della sua vergogna. È qualcosa, infatti, di molto prezioso e fragile, da maneggiare con grande attenzione. A volte le vittime di abusi sessuali riescono a parlare della loro vergogna solo da adulte.

Ogni tanto ci vergogniamo anche se siamo lodati oltremisura o se abbiamo i riflettori puntati addosso. Ci vergogniamo perché sentiamo che quella lode non spetta a noi. Anch'essa tocca qualcosa dentro di noi che preferiremmo nascondere. Certo, siamo contenti delle nostre capacità e del fatto che le nostre qualità e il nostro operato siano riconosciuti. Allo stesso tempo, però, ci vergogniamo, perché sentiamo che non è qualcosa da discutere in pubblico.

La psicologia ha compreso che la vergogna è un sentimento importante per noi esseri umani. La vergogna protegge la nostra dignità. Ci trasmette la sensibilità di riconoscere che cosa è adatto a noi. Però, come abbiamo detto, esiste anche la vergogna che ci mortifica e può tenerci lontani dalla vita. Se qualcuno si vergogna di un errore commesso in un remoto passato, si sente paralizzato. La vergogna gli impedisce di volgersi all'istante presente. È importante, quindi, che esaminiamo la nostra vergogna e chiariamo dove ci fa bene e dove, invece, ci impedisce di vivere in maniera conforme alla nostra natura.

# Senso di colpa – la forza del perdono

*Spesso non è facile chiarire dove sia la mia vera colpa. I sensi di colpa non sempre indicano una colpa reale.*

*Spesso i sensi di colpa sono anche espressione di mancanza di chiarezza e di autostima.*

Chi vuole capire le cause del senso di colpa deve prima di tutto chiarire che cosa intenda per colpa. Se ci chiediamo che cosa significhi davvero «colpa», ci possono aiutare anche le conoscenze linguistiche. La parola tedesca *Schuld*, colpa, viene da *sollen*, dovere, avere un obbligo, e infatti significa anche «debito». Divento colpevole se resto in debito verso me stesso, verso una persona, oppure verso Dio o verso il creato, se non do a me stesso, al prossimo o a Dio ciò che dovrei. Devo a me stesso di accettarmi, di trattarmi bene, di non nuocere a me stesso, di non rovinarmi con uno stile di vita malsano. Devo a me stesso di sviluppare le potenzialità donatemi da Dio, di vivere davvero la mia natura interiore, la mia persona unica, di essere me stesso e non copia di altri. Devo al prossimo che lo rispetti e lo accetti così com'è, che lo lasci vivere, gli conceda lo spazio di cui ha bisogno per essere se stesso. E, non di rado, gli devo aiuto, se non è in grado di aiutare se stesso. Devo a Dio di dire sì a me stesso come mi ha creato, di dire sì alla mia natura, che raggiunge la pienezza soltanto se si protende verso Dio. E devo a Dio il rispetto per la sua creazione, in cui mi ha posto perché me ne prenda premurosamente cura.

Partendo dalla psicologia junghiana, potremmo interpretare la colpa come scissione. Mi macchio di una colpa se mi scindo interiormente, se mi rifiuto di guardare la mia realtà così com'è, se rimuovo ciò che mi è spiacevole, se distolgo apposta lo sguardo quando la mia sensibilità vuole dirmi qualcosa. La colpa, qui, si avvicina alla cecità. Chiudo gli occhi davanti alla mia realtà e davanti a quella degli altri. Mi identifico talmente con le immagini che mi sono fatto di me stesso e degli altri da diventare cieco alla realtà. La nostra vera colpa spesso non sta dove trasgrediamo ad un comandamento. Se i giovani, nel confessionale, dicono che hanno peccato perché hanno mangiato carne di venerdì o perché hanno litigato con i genitori, percepisco con chiarezza che quella non è la loro vera colpa. Allora cerco di chiedere alla persona che si confessa dove abbia ignorato la propria natura autentica, dove abbia vissuto senza entrare in contatto con se stessa. Ogni tanto ciò si può già vedere nel fisico. Se qualcuno si tiene spasmodicamente le spalle, sento che la sua colpa non sta nel fatto di commettere degli errori, ma nel non avere una fiducia che lo sorregga, nel non abbandonarsi a Dio.

La mia vera colpa si trova in quelle situazioni in cui mi rifiuto di accettare la mia umanità, la mia biografia, le mie capacità e i miei limiti, dove rivolgo continui rimproveri a Dio perché non sono come vorrei. La colpa sta nella scissione tra la realtà e quello che vorrei, tra ciò che Dio mi ritiene capace di fare e ciò che io perseguo come idea fissa, con cui vado continuamente a sbattere contro un muro. Spesso non è tanto facile riconoscere dove stia la mia vera colpa. Soltanto se mi sforzo di capire dov'è che vivo senza entrare in contatto con la mia essenza autentica e la mia realtà, dove mi comprimo a fatica nel corsetto delle mie idee, posso cambiare rotta e vivere in modo che la mia vita riesca, che diventi intatta e completa.

E come stanno le cose con i sensi di colpa? I sensi di colpa non sempre indicano una colpa reale. Spesso sono più che altro espressione di mancanza di chiarezza e di autostima. Molti si sentono in colpa perché il loro Super-Io li accusa. Hanno talmente interiorizzato i precetti e i valori dei genitori che riescono a liberarsene soltanto sentendosi in colpa. Una giovane donna, che da piccola era continuamente incitata dalla madre a lavorare, si sente in colpa se ogni tanto si riposa e si concede qualcosa. Alcuni si sentono in colpa se non riescono a soddisfare le aspettative del coniuge, dell'amico, del collega. Altri si condannano già come colpevoli per i sentimenti di odio e di invidia che affiorano dentro di loro. Si puniscono con i sensi di colpa se percepiscono dentro di sé dell'aggressività. Invece di prendere in esame l'aggressività e di integrarla nel proprio programma di vita, la indirizzano contro se stessi. Il compito della psicologia e anche di una valida cura d'anime consiste nel distinguere tra sensi di colpa e colpa reale. Se mi punisco con i sensi di colpa, per lo più non riesco ad allontanarmi dal mio comportamento sbagliato. Dietro la colpa devo percepire la mia povertà morale e le mie ferite e soltanto allora potrò imparare a gestire la mia colpa in maniera più creativa. Le sottraggo il fondamento, costituito dal mio rendermi continuamente colpevole. Imparo un nuovo comportamento che mi fa bene.

Un rischio è quello che i sensi di colpa facciano rimanere imprigionati nel proprio comportamento sbagliato. L'altro rischio è invece quello di rimuovere i propri sensi di colpa, proiettandoli sugli altri. Oggi questo è un meccanismo diffusissimo. Si cerca, per così dire, un capro espiatorio, su cui si caricano tutte le colpe. Poi lo si macella. Ma ciò non mi libera dai miei sensi di colpa e quindi sono costretto a cercare il prossimo capro espiatorio. Per uscire da questo circolo vizioso sarebbe importante ammettere con oggettività la propria colpa, confidando, allo stesso tempo, che Dio me la perdona. Altrettanto importante, però, è perdonare se stessi. Ci si riesce tuttavia soltanto se mi distacco dall'ideale che mi porto dentro: l'immagine ideale che, per tutta la vita, me ne andrò in giro con una coscienza immacolata. Che lo vogliamo o no, continuiamo a macchiarci di qualche colpa. Il punto saliente è che spostiamo lo sguardo dalla colpa alla misericordia di Dio e che usiamo la nostra colpa per essere, a nostra volta, misericordiosi verso gli altri, invece di condannarli e di proiettare su di loro la nostra colpa.

A Tomi Ungerer, celebre caricaturista alsaziano, fu chiesto in un'intervista se fosse ancora credente. Rispose di no. Disse però che ogni sera pregava ancora. Per lui era un bisogno. E poi passò a parlare del perdono. «Persino se Cristo non è il Figlio di Dio – il perdono è lo stesso una dannata rivoluzione. Mio Dio, il perdono! È la cosa migliore che possiamo fare in questa commedia umana». Invece di accusare noi stessi, dovremmo perdonarci. E invece di spingere davanti a noi le colpe di cui si macchiano gli altri nei nostri confronti, contraccambiandole con l'odio e la durezza, dovremmo perdonarle. Nella nostra coesistenza umana, che Ungerer definisce commedia, non c'è via migliore del perdono per vivere in pace con gli altri. Questa capacità di perdonare, però, nella nostra anima è spesso sommersa da una resistenza interiore al perdono. Ci portiamo dentro una profonda convinzione che per tutto si debba pagare, anche per le colpe. Servono immagini benefiche per superare la riluttanza al perdono sepolta in fondo al nostro inconscio. Se Gesù sulla croce perdona persino i suoi assassini, possiamo aver fiducia nel fatto che in noi non ci sia niente che Dio non perdoni e che non ci sia lecito perdonarci. Imprimendo dentro di noi le immagini di perdono che Gesù ha vissuto in prima persona e ci presenta nelle sue parabole, diventiamo capaci di credere al perdono e di perdonare noi stessi e gli altri.

# Anelito – tensione e profondità

*In ogni essere umano palpita l'anelito verso qualcosa di più, il totalmente altro, Colui che, da solo, basta.*

*Anche l'amore diventa prezioso proprio nell'anelito e viene riempito di una profondità insondabile.*

La *Sehnsucht*, l'anelito, lo struggimento, era la sensazione esistenziale caratteristica del Romanticismo. I romantici anelavano alla patria e al senso di protezione, all'amore e alla felicità. Anche oggi molte persone sono piene di un anelito insaziabile. Il termine tedesco *Sehnsucht* viene da *sehnen*, che significa «provare un desiderio d'amore, affliggersi». Come il corrispettivo italiano «struggimento», ha a che fare con il dolore. Ma è un dolore dolce. Nell'anelito, infatti, l'essere umano si sente molto vivo. Sente che l'anelito è qualcosa che lo porta al di là di questo mondo. La *Sehnsucht* non è la ricerca di qualcosa. È invece collegata al termine *Sucht*, nel significato etimologico di malattia. Ci si sente malati di struggimento, così come ci si sente malati d'amore. L'anelito non si impadronisce soltanto del cuore, ma anche di tutto il corpo. Con ogni fibra del nostro essere sentiamo l'anelito dentro di noi.

In latino si usa invece il termine *desiderium*. Deriva da *sidera* = stelle. Il desiderio è quindi il modo per portare le stelle sulla terra. Qui, nel mio cuore, sento il fascino delle stelle, che pungolano il mio anelito verso il cielo e verso l'infinita bellezza di Dio. L'anelito porta il cielo in terra. Crea dentro di me lo spazio della vastità e del cielo.

Per Sant'Agostino l'anelito è l'esistenziale più importante dell'essere umano. Ogni essere umano, in fondo, anela a Dio, al senso di protezione, all'amore, ad una vera patria, all'autenticità e alla libertà. Dio stesso ci ha messo nel cuore il desiderio profondo di un'eterna comunione con lui. Che lo vogliamo o no, in tutto ciò che ricerchiamo con passione in fondo aneliamo a Dio. Se puntiamo con tutte le nostre forze alla ricchezza, i beni materiali non colmeranno il nostro anelito. Nella ricerca della ricchezza si nasconde l'anelito alla tranquillità, al poterci finalmente riposare. La fatalità è che i beni materiali si trasformano in un'ossessione, che ci spingono ancora di più all'irrequietudine. Se aspiriamo al successo, dietro quest'aspirazione si nasconde, in realtà, il desiderio profondo di essere preziosi. Allo stesso tempo, però, sappiamo che nessun successo riuscirà a placare il nostro anelito. Soltanto in Dio facciamo l'esperienza del nostro valore divino. Ogni essere umano, in fondo, anela ad amare e ad essere amato. Basta che leggiamo il giornale per scoprire quanti di questi desideri restino insoddisfatti o finiscano nella solitudine e nella disperazione. Eppure, in qualsiasi piccolo amore, si cela un anelito all'amore assoluto, l'anelito a Dio. Sant'Agostino l'ha riassunto nella celebre frase: «Il nostro cuore non ha pace finché non riposa in te, mio Dio». L'essere umano è pieno di una fame insaziabile di Dio, di patria assoluta, di senso di protezione, del paradiso perduto. Anche se, esteriormente, il desiderio umano si rivolge ad altre mete, la meta ultima è sempre Dio. Persino nelle persone che si sono allontanate da Dio palpita l'anelito verso qualcosa di più, il totalmente altro, Colui che, da solo, basta.

La fatalità è che le persone che hanno ottenuto tutto ciò che desiderano sono spesso tormentate da una sensazione di vuoto interiore. In un suo testo il filosofo della medicina e psicoterapeuta Stanislav Grof dice: «Uno può essere eletto calciatore dell'anno, un altro ottenere il dottorato *summa cum laude*, conquistare il cuore del *partner* perfetto, oppure guadagnare tanti soldi da potersi pagare lo stile di vita da sempre agognato». In mezzo ad ogni pienezza, però, resta il vuoto interiore e l'anelito al totalmente altro addirittura aumenta. Niente di terreno, nessun successo, nessuna persona amata è in grado di placare la nostra irrequietudine interiore. Agostino ha ragione. Troveremo la pace soltanto se indirizzeremo il nostro anelito verso Dio, se troveremo dentro di noi Dio come la sorgente interiore che non si estingue mai, come il senso di protezione e la patria da cui non veniamo mai esiliati, come l'amore che non si dilegua mai, né ci scorre mai via tra le dita.

Tutti, sicuramente, anelano ad amare e ad essere amati. L'amore è sempre legato all'anelito. Non c'è amore senza anelito. Nel suo libro *La ferita dei non amati* [ed. it., Red, Milano 2012[2]] il terapeuta Peter Schellenbaum ha descritto lo stretto legame tra amore e anelito. In quest'opera afferma che collochiamo l'amore e l'anelito nello stesso punto del corpo, «ovvero al centro del petto, all'altezza del cuore, dove chi soffre d'amore e di struggimento preme le mani». Proprio la tensione dell'anelito rende l'amore prezioso e lo riempie di una profondità insondabile. La massima felicità d'amore e l'indicibile struggimento sono vicinissimi. L'amore tende sempre al di là di se stesso. In esso aneliamo all'amore assoluto e incondizionato, che, in fondo, è amore divino.

# Preoccupazione – fiducia nella benedizione di Dio

*Il futuro sta nelle mani di Dio. Possiamo continuare ad affidarlo alla sua benedizione.*

Secondo Martin Heidegger, l'essere umano è sostanzialmente uno che si preoccupa. L'esistenza è cura, preoccupazione. Essere nel mondo significa preoccuparsi di sé e della propria esistenza, essere preoccupati per sé e provvedere a se stessi. La preoccupazione rende le persone irrequiete e non le lascia mai riposare. L'intera esistenza dell'essere umano è contrassegnata dalla preoccupazione per se stesso. Finché vive, è in preda alla preoccupazione. La preoccupazione ci spinge a lavorare, a guadagnarci il necessario per vivere, a cercare garanzie per il futuro, a moltiplicare i beni materiali, per poter finalmente vivere, un giorno, tranquilli e sicuri.

La parola greca per «preoccupazione» è *mérimna*, che indica il preoccuparsi con premura o con ansia di qualcosa, il mirare a qualcosa, l'attesa piena di allarme, la paura di qualcosa. Spesso ha anche la sfumatura di cruccio, di afflizione per qualcosa. I Greci parlano delle preoccupazioni tormentose e assillanti a cui è soggetto l'essere umano. La sua preoccupazione è sempre legata alla paura. È un agire per paura, «paura per l'esistenza messa in pratica» (Ulrich Luz). La parola tedesca *Sorge*, «preoccupazione», ha due significati diversi. Può significare cruccio, assillo e malattia. Con tutta probabilità è imparentata con la parola russa *soroga*. Quest'ultima, però, indica la persona scorbutica. Chi è consumato dalle preoccupazioni, chi si lascia opprimere troppo dal cruccio e dalla preoccupazione diventa scorbutico e insoddisfatto. «Preoccuparsi», però, può significare anche: provvedere a qualcosa, preoccuparsi che qualcosa migliori, che qualcuno abbia tutto ciò che gli serve. In questo senso, indica la premura per altre persone e la previdenza per la vecchiaia.

Ci sono persone premurose che si preoccupano che gli altri stiano bene. Ma, appunto, ci sono anche persone che di notte non riescono a dormire perché si preoccupano troppo. È così che va inteso il rimprovero di Gesù a Marta: «Marta, Marta, tu ti affanni e ti agiti per molte cose» (*Lc* 10,41). Marta si agita perché non è sicura che Gesù e i suoi discepoli abbiano abbastanza da mangiare. Nella sua preoccupazione, però, diventa dura e critica verso sua sorella che, semplicemente, sta ad ascoltare quello che ha da dire Gesù. Luca descrive le preoccupazioni di Marta con due parole: «*merimnâs kài thorybázē*». Si potrebbe tradurre: ti scervelli troppo a pensare se abbiamo abbastanza da mangiare. E ti agiti troppo, metti te stessa in confusione, ti lasci trasportare sempre più da una frenesia e da un'irrequietezza che non fa bene a noi ospiti. La premura di Marta è a fin di bene. La sua premura, però, si trasforma in preoccupazione e irrequietezza che tormenta lei, oltre ad infastidire gli altri. Vicino ad una persona così sollecita non ci si sente a proprio agio. Ciò che si percepisce, in questo caso, non è la premura come espressione d'amore, bensì l'irrequietezza e la paura provata dal padrone di casa perché gli ospiti siano soddisfatti ad ogni costo.

È comprensibile che l'essere umano si preoccupi, pieno di timore, della propria vita e del proprio futuro. La sua esistenza in questo mondo, infatti, è esposta a molti rischi. L'incertezza della sua esistenza, però, non deve spingerlo ad una preoccupazione ansiosa. In questo senso Gesù ci esorta: «Non preoccupatevi per la vostra vita, di quello che mangerete o berrete, né per il vostro corpo, di quello che indosserete» (*Mt* 6,25). Il preoccuparsi segnato dall'ansia offusca lo spirito. Se invece ho fiducia in Dio, provvederò lo stesso al futuro. Ma non agirò in maniera irrazionale. La paura mi spinge a fare spese insensate e a ricercare sicurezze assurde, mentre la fiducia mi fa vivere consapevolmente nell'attimo, con attenzione e scrupolosità. Perciò Gesù conclude il suo inno alla spensieratezza dicendo: «Non preoccupatevi dunque del domani, perché il domani si preoccuperà di se stesso» (*Mt* 6,34). Naturalmente si tratta sempre di un difficile equilibrio. Una madre non può mai abbandonare del tutto la preoccupazione per i suoi figli. La preoccupazione affiorerà dentro di lei. E il padre si preoccuperà che la famiglia abbia delle sicurezze economiche. Al contempo, però, padre e madre devono farsi rammentare dalla preoccupazione che il futuro della famiglia è nelle mani di Dio e che quindi possono continuare ad affidare i figli e il proprio futuro alla sua benedizione.

# Stupore – inizio della saggezza

*Nello stupore siamo interamente presenti nei nostri sensi, nello sguardo e nell'udito.*

*Quando proviamo stupore, vogliamo guardare più a fondo, vogliamo penetrare nel fondamento di ogni essere.*

La radice latina della parola «stupore» indica qualcosa che si ferma, che ristagna. Se mi fermo davanti a un tramonto incantevole, dentro di me si accumulano le emozioni – e io resto a guardare. Le impressioni esterne penetrano dentro di me. Mi stupisco della meraviglia di ciò che mi è concesso di contemplare. La parola greca per «stupore» è *thaumázein*, che si può tradurre anche con: meravigliarsi. Lo stupore è collegato alla meraviglia che si impadronisce di me. La meraviglia mi porta allo stupore.

Lo stupore, dicono gli antichi, è l'inizio di ogni filosofia. Mi fermo, semplicemente, osservo bene ciò che vedo, e cerco di intuirne il mistero. Mi stupisco di ciò di cui faccio l'esperienza e vorrei afferrarlo più a fondo. Vorrei capire ciò che contemplo con meraviglia. È l'inizio del processo del filosofeggiare. Stupore significa anche: bloccarsi per lo spavento, tremare. Ciò che mi affascina al contempo mi spaventa. Mi tocca da vicino. E mi lascio colpire da ciò che si riversa su di me dall'esterno.

Alla Bibbia è ben noto questo timore pieno di meraviglia al cospetto della gloria di Dio, davanti alla bellezza del tempio. Il timore pieno di meraviglia, quindi, è anche l'inizio di ogni teologia. La teologia, infatti, non vuole altro che enunciare in parole e spiegare l'esperienza di Dio che si associa a questa sensazione.

Lo stupore è un'emozione elevata, un'emozione che dilata la mia interiorità. Si esprime fisicamente, quando, alla lettera, resto a bocca aperta. Non riesco a dire nulla, sono colpito e basta. Lo stupore, però, può portare anche al restare come pietrificati. Tutti i miei sensi si concentrano su ciò che sto vivendo. Io, però, rimango immobile. Quest'apparente pietrificarsi, però, non ha nulla a che fare con la mancanza di vita, ma, al contrario, è espressione di massima tensione e vitalità.

I bambini sono ancora capaci di stupore. Restano pieni di meraviglia davanti allo splendore delle luci di un albero di Natale tutto decorato, con la bocca aperta e gli occhi spalancati. Anzi, sono tutt'occhi. Da adulti siamo quasi invidiosi di questa capacità di stupirsi propria dei bambini. Spesso, infatti, abbiamo disimparato lo stupore. Siamo smaliziati e non ci lasciamo più stupire da niente. Per chi non è più capace di stupore, però, la vita si impoverisce. Non ha più nessun vero picco di gioia interiore. Lo stupore è un'emozione che ci tocca fino in fondo alla nostra anima e ci vincola interamente a questo preciso istante. Nello stupore siamo interamente presenti nei nostri sensi, nello sguardo e nell'udito. E, mentre guardiamo, vogliamo guardare più a fondo, vogliamo penetrare nel fondamento di ogni essere.

# Orgogliosa soddisfazione – conferma del proprio valore

*Non sminuiamo noi stessi. Contemporaneamente, però, sappiamo che ciò di cui possiamo essere orgogliosi è sempre anche dono.*

Nella chiesa delle origini si considerava l'orgoglio uno dei sette peccati capitali. Tommaso d'Aquino definisce la *superbia* la radice di tutti i peccati, in quanto aspirazione sregolata ad emergere sugli altri. Non si vedeva l'orgoglio tanto come espressione del rispetto di sé, ma lo si avvicinava alla presunzione, oppure lo si equiparava ad una boria egocentrica o alla smania di mettersi in luce. La lingua tedesca, però, con orgoglio (*Stolz*) indica qualcosa di diverso. Così si avvicina di più a quest'emozione.

Lo indica già la radice della parola: inizialmente indica qualcosa di speciale, in posizione preminente, qualcosa che indica un valore speciale. *Stolz* deriva da *Stelze*, trampolo, e indica una persona ben dritta, come un palo, che è «prestante, magnifica, superba». In origine, quindi, si pensa ad un'autostima elevata, alla gioia per le proprie doti e per ciò che sono riuscito a fare. Posso anche essere orgoglioso dei miei genitori o dei miei figli e dei risultati che ottengono, della mia comunità d'origine o della mia patria. Posso «crogiolarmi» e scaldarmi alla luce delle conferme o di un valore con cui mi identifico o che condivido. Tutto ciò è di sicuro qualcosa di positivo. Dal punto di vista psicologico si può dire che l'orgoglio è senz'altro un'espressione elementare della felicità umana.

L'orgoglio, però, è anche ambivalente. I libri ascetici hanno indicato con orgoglio ciò che i Padri della chiesa definivano con termini diversi. Orgogliosa è, in realtà, la persona indipendente, la cui autostima non dipende dal riconoscimento altrui. Questo è il lato positivo. Chi definisce continuamente se stesso soltanto compiacendosi delle conferme che gli arrivano dagli altri, tuttavia, è condizionato dal vizio della vanagloria o della vanità. E allora l'orgoglio si trasforma in uno degli otto vizi di cui parla anche Evagrio Pontico, l'antico monaco-psicologo. In latino si parla di *vitium*, che indica un pericolo per l'anima umana. Nella parola *vitium*, però, si nasconde anche *vis*, forza. Il punto, quindi, è trovare nel vizio della vanagloria la forza positiva che ci spinge a lavorare bene e in maniera scrupolosa, impegnandoci per noi e per gli altri.

Un'altra faccia del «vizio» dell'orgoglio è l'invidia. Consiste nel paragonarsi agli altri. La vanagloria e l'invidia sono due sfumature dell'orgoglio. La terza è la *hýbris*. È la sensazione di superiorità rispetto agli altri. La *hýbris*, però, spesso deriva dalla paura della propria verità. Si è ciechi di fronte alla propria realtà e si preferisce identificarsi con ideali eccelsi. La *hýbris* è il rifiuto di accettare la propria umanità con tutti i suoi limiti. È essa il vero pericolo per l'essere umano: l'essere umano si arroga qualcosa che, in fondo, spetta soltanto a Dio. Si mette al di sopra degli altri.

Quando uso il concetto di «orgogliosa soddisfazione», mi riferisco al lato positivo dell'orgoglio. Sono orgoglioso e soddisfatto dei risultati ottenuti. Questa sensazione mi regala la gratitudine per la mia vita e la tranquillità interiore. L'orgogliosa soddisfazione, però, è sempre messa in pericolo da una soddisfazione compiaciuta, che non mette più in discussione nulla. La soddisfazione compiaciuta si rifiuta di andare avanti. Caratteristico della natura umana, però, è l'essere sempre in cammino, la ricerca continua di quale sia la propria natura autentica e di quali potenzialità siano racchiuse nella propria persona. Ed è caratteristico della natura umana cercare incessantemente Dio. San Benedetto, per esempio, vede il monaco come uno che cerca Dio per tutta la vita. La soddisfazione compiaciuta si ferma e basta. Non si lascia smuovere davvero da nessuno. I teologi morali descrivono quest'atteggiamento come un fossilizzarsi nel bene. Si sono ottenuti dei risultati, si è fatto qualcosa di buono, ma ci si riposa sugli allori, perdendo così la vitalità e la tensione interiore.

Assaporare l'orgogliosa soddisfazione è legittimo; allo stesso tempo, però, quando la proviamo dobbiamo essere aperti a ciò che Dio vuole dirci ogni giorno, alle situazioni in cui vuole sfidarci e chiamarci a un compito. L'orgogliosa soddisfazione per un'opera riuscita, per una giornata andata bene, per una bella festa ci procura gratitudine e quiete interiore. Facciamo una pausa e assaporiamo ciò che è stato. E proviamo riconoscenza perché tutto è riuscito così bene. Ma siamo anche riconoscenti per le capacità che Dio ci ha donato. Siamo orgogliosi, per esempio, di essere riusciti a portare le persone, durante una festa, in uno stato d'animo allegro e positivo. Il successo si deve anche a noi. Non ci sminuiamo. Contemporaneamente, però, sappiamo che ciò di cui possiamo essere orgogliosi è sempre anche dono. E siamo consapevoli che non possiamo riposare sugli allori di questa soddisfazione. Dobbiamo fare una pausa per assaporare ciò di cui siamo orgogliosi. Poi, però, dobbiamo proseguire. Restiamo vivi soltanto se andiamo avanti, se continuiamo a cercare e ad aspirare a ciò a cui ci spingono il nostro cuore e il nostro anelito ultimo.

# Lutto – trasformazione in una nuova vitalità

*Il processo di lutto riuscirà soltanto se sono disposto a lasciare che le idee che mi sono fatto di me stesso, della mia vita e di Dio vadano in frantumi.*

Durante un corso per genitori orfani, una madre, che aveva perso la figlia in un incidente stradale, mi raccontò che, nel suo lutto, si sentiva come una lebbrosa. Vecchi amici e conoscenti cambiavano marciapiede per evitarla. La donna giustificava gli amici: forse erano perplessi e probabilmente non sapevano che cosa dirle nel suo lutto. Questo giustificare gli altri, però, non era altro che un modo per mettere a tacere i propri sentimenti e non dover sopportare il fatto di essere lasciata sola. Riflettendo sugli amici che la evitavano, sentiva dolorosamente questo: «Il mio lutto non è accettato. Con il mio lutto do fastidio agli altri. Vogliono semplicemente continuare a vivere in modo normale. Non vogliono il mio lutto. E così, in fondo, non vogliono me. Al momento, infatti, non mi è possibile esistere senza lutto».

Quando muore una persona cara, il lutto mi getta in un caos emotivo. C'è il dolore per la perdita della persona cara. All'inizio non voglio proprio rendermi conto che non mi è più possibile parlare con il padre o la madre defunti, con l'amico, il figlio. Rimuovo il dolore. Se gli lascio libero corso, ho la sensazione che la terra mi manchi sotto i piedi. Sono smarrito. Nemmeno la fede mi sostiene. Per lo meno non mi toglie la sofferenza. Sono vari i sentimenti che danno la loro impronta al lutto. All'inizio, in primo piano c'è il dolore. È un indicibile dolore di aver perso quella persona e di doverle dire addio per sempre. Al dolore si mescola la sensazione di assurdità. Se quella persona, che per me significava tanto, non c'è più, non so più che cosa fare della mia vita.

Al dolore e al lutto, però, si mescolano anche altri sentimenti. Dicendo addio a quella persona, divento consapevole del mio rapporto con lei. E quel rapporto non era soltanto chiaro, amorevole e armonioso. C'erano anche dei conflitti. C'erano equivoci e ferite. Se ci penso, in me affiora anche la rabbia. Ma non posso permettermela, perché devo provare dolore. Il lavoro sul lutto, però, significa sempre anche diventare consapevole del rapporto con il defunto, di ciò che gli devo, di ciò che significa per me, ma anche di ciò che è stato difficile per me accanto a lui e che mi ha ferito. Il lavoro sul lutto significa sempre anche chiarire il mio rapporto con il defunto e rielaborare ancora una volta le cose lasciate in sospeso, per poi riuscire a distaccarsene.

Accanto alla rabbia e al dolore, nel processo di lutto affiorano anche i sensi di colpa. Mi dispiace non aver detto abbastanza allo scomparso che lo amo, che cosa significa per me. Non l'ho ringraziato. Non gli ho detto addio in modo adeguato. E mi ricordo delle ferite che gli ho inferto. Una donna era piena di sensi di colpa perché le ultime parole che aveva detto al marito erano quelle di un litigio. Nella notte dopo la lite, il marito era morto all'improvviso e inaspettatamente. È importante prendere in considerazione anche i sensi di colpa, presentarli a Dio e avere fiducia nel fatto che Dio mi perdona le mie colpe. Immagino poi che ora il defunto sia con Dio. È in pace. Non mi rivolge alcun rimprovero. Mi ha perdonato. Quindi anch'io devo perdonare me stesso. Il defunto non vuole che io sia ossessionato dai miei sensi di colpa. Vuole che io viva.

Il lutto che provo, però, non è mai solo ed esclusivamente per la persona defunta. La morte di una persona cara mi sfida a piangere anche sui sogni per la mia vita andati in frantumi. La morte, infatti, ha messo in discussione, in maniera repentina, la vita così come me l'ero immaginata a fianco di mio marito, di mia moglie, insieme a mio padre e a mia madre, insieme a mio figlio. Le mie idee sulla vita sono distrutte. Devo quindi compiangere me stesso. La mia vita, infatti, non continua più come avevo desiderato. Spesso la morte di una persona cara mi ricorda anche la mia vita non vissuta. Il lutto, quindi, è sempre anche lutto per la vita che finora non è stata vissuta.

Nel suo lavoro sulla tematica del lutto Margarete Mitscherlich ha constatato che nella nostra vita abbiamo molte cose per cui provare cordoglio. Devo attraversare un processo di lutto per i sogni andati in frantumi, per le opportunità mancate, la mia mediocrità, la mediocrità delle mie doti, la mediocrità del mio matrimonio, della mia famiglia, della mia comunità. Chi rifiuta il lutto si fossilizza interiormente. Vivere il processo di lutto significa passare attraverso la sofferenza per le mie opportunità mancate e i miei sogni infranti, arrivando in fondo alla mia anima. Lì, poi, entro in contatto con nuove potenzialità mie e della mia anima. Al di sotto del dolore sento una pace interiore e la mia vera identità. Se, nel lutto, mi rifiuto di passare attraverso la sofferenza, scelgo due altre possibilità di reazione all'esperienza di perdita. Mi lamento, ruotando sempre intorno al mio autocompatimento. Invece di affrontare il processo di lutto per la mediocrità del mio matrimonio, mi lamento che l'amore si è sbiadito, che tutto è diventato così quotidiano e banale. Per così dire, nuoto nel mio autocompatimento e non avanzo nemmeno di un passo. L'altra reazione è quella di rivolgere delle accuse. Accuso la mia *partner*. È colpa sua se il nostro matrimonio va così male. Oppure accuso il datore di lavoro. È colpa sua se il mio sogno professionale si è infranto. Nelle lamentele e nelle accuse non attraverso il dolore, ma resto in superficie. Non si sviluppa nessuna evoluzione, nessuna trasformazione del lutto in una nuova vitalità.

Il lutto riuscirà solo se sono disposto a lasciare che le idee che mi sono fatto di me stesso, della mia vita e di Dio vadano in frantumi. Per me c'è soltanto un'alternativa: o lascio che le mie idee sulla vita crollino, e in questo caso il lutto mi apre a nuove possibilità esistenziali. Oppure mi aggrappo alle mie idee della vita. Allora sarò io a crollare per la morte di una persona cara. Una madre mi ha raccontato della morte del figlio trentottenne, che andava a messa ogni domenica. La donna era piena di amarezza e di odio verso Dio, che le aveva portato via il figlio. Le espressi la mia comprensione per l'accusa che rivolgeva a Dio e per la sua ribellione contro di lui. Le dissi tuttavia che la ribellione doveva anche avere l'obiettivo di abbandonarsi, prima o poi, al Dio inafferrabile. Le mie parole, però, le rimbalzarono addosso senza scalfirla. Allora mi resi conto che la donna si aggrappava alle sue idee della vita e di Dio. Dio avrebbe dovuto donare una lunga vita a suo figlio, perché questi andava a messa ogni domenica. Se non è così, lei di Dio non vuole più sapere nulla. Se però, fino a quel momento, è rimasta fedele a Dio per settant'anni, sarà lei a subire un crollo personale se se lo strappa dal cuore. Attraversare il processo di lutto significherebbe: lascio che si infranga la mia idea di me stessa, secondo cui mi sono vista sempre e solo come madre. E lascio che si infranga la mia idea di Dio. Allora verrò aperta a nuove possibilità nella mia vita, al mio Sé autentico e al Dio totalmente altro che, malgrado ogni inconcepibilità, è amore.

Il lutto vuole portarmi a contatto con le nuove potenzialità insite nella mia anima. Ma vuole anche portarmi ad un nuovo rapporto con il defunto. Se, nella morte, mi sono distaccato da lui, posso anche instaurare con lui una nuova relazione. Diventa un compagno interiore. A volte mi è consentito farne l'esperienza nei sogni, in cui il defunto mi dice una parola che mi fa andare avanti o, semplicemente, mi indica in silenzio che le cose vanno bene così come sono. Posso anche chiedere allo scomparso di accompagnarmi, di irrobustirmi e di indicarmi una strada che posso percorrere. E poi, nel mio lutto, posso anche chiedergli: «Qual è il tuo messaggio per me? E come desideri che risponda alla tua vita e alla tua morte? Come posso vivere senza di te, ora? Qual è il tuo impulso?». Una donna che aveva perso dei figli per aborto spontaneo, dopo molti anni di lutto riuscì a dire: «I miei figli sono come angeli, che mi accompagnano e mi rendono capace di avere un canale di comunicazione proprio con i ragazzi difficili, nel mio lavoro educativo e artistico».

# Sorpresa – dono inaspettato

*Sorpresa e gratitudine ci invadono quando, all'improvviso, riceviamo una gioia che non avevamo messo in conto.*

Se un amico ci chiama dopo tanto tempo, spesso diciamo: «Che sorpresa!». Oppure un'amica ci fa un regalo. Lo apriamo e ne siamo sorpresi. Non ci aspettavamo un dono del genere. Talvolta è la pioggia a sorprenderci durante una passeggiata. Oppure è un arcobaleno, che d'improvviso compare in cielo. La sorpresa si verifica quando qualcosa di inatteso ci lascia stupefatti.

Siamo contenti se possiamo fare una sorpresa a qualcuno. Il suo viso si illumina. Questa cosa inaspettata gli procura gioia. E la procura anche a noi. Ci sono però anche persone a cui è impossibile fare una sorpresa. Non riescono più ad uscire dal loro tran tran. Persino quando capita loro qualcosa di inatteso non riescono a gioirne. Non danno espressione alla loro sorpresa. Nella loro visione del mondo non c'è posto per niente che potrebbe sorprenderle. Seguono l'affermazione del *Qoèlet*: «Non c'è niente di nuovo sotto il sole» (*Qo* 1,9). Ma questo motto suona rassegnato e depressivo.

Nel linguaggio parlato qualche volta usiamo il termine «sorpresa» anche in senso negativo. Se qualcuno, dal nulla, ci rimprovera qualcosa che abbiamo fatto, diciamo: «Mi sorprende che tu mi dica questo». Non ci aspettavamo una critica o un rifiuto del genere. Pensavamo che nel nostro rapporto non ci fossero ombre e il progetto comune fosse andato bene. Siamo stupiti che, di colpo, l'altro mostri dei sentimenti che non ci eravamo aspettati da lui. Oppure siamo sorpresi che, all'improvviso, veda in maniera tanto negativa quello che noi valutavamo positivamente. Il significato originario della sorpresa, però, è positivo. Sorprendiamo l'altro con un regalo, passandolo a trovare, con un riconoscimento che non si aspettava.

Parliamo anche di sorpresa divina. Non possiamo forzare l'esperienza di Dio, né pregando né meditando. Certo, con la preghiera e la meditazione possiamo prepararci ad essa. Che Dio si manifesti o meno, però, è una decisione soltanto sua. È una grazia, che non possiamo guadagnarci con meriti particolari. A volte Dio ci colpisce in maniera sorprendente. Stiamo passeggiando immersi nei nostri pensieri ed ecco che d'un tratto, tra le nuvole, fa capolino il sole. Oppure nel bosco c'è uno stormire che ci commuove profondamente. È come una risposta spontanea al dialogo intenso che c'è stato durante la passeggiata. All'improvviso abbiamo l'impressione di aver colpito Dio, che ci dà una risposta nello stormire delle fronde. E, nel bel mezzo della quotidianità, si verificano a più riprese delle esperienze sorprendenti, che possiamo interpretare soltanto come esperienze divine. Per esempio, incontriamo in città un amico che non avevamo visto da tantissimo tempo. E subito si dipana un bel dialogo. La sorpresa ci lascia sempre senza parole e pieni di gratitudine. D'improvviso riceviamo un dono, senza che ce lo aspettassimo.

# Fiducia – fondamento sicuro dell'anima

*La fiducia ha bisogno anche della fede nel nucleo di bontà presente nell'altro.*

*Credendo al suo nucleo di bontà, faccio sì che per l'altro sia possibile fidarsi di me.*

Tutti noi aneliamo alla fiducia. Nella crisi finanziaria si lamenta la mancanza di fiducia reciproca tra le banche. Se in un gruppo, per esempio in un consiglio parrocchiale, oppure in un'associazione, in un'azienda, o persino in una famiglia si è smarrita la fiducia, fatichiamo a continuare il nostro impegno. La diffidenza ci paralizza. Fa sì che ci chiudiamo per proteggerci dagli altri. Lamentiamo la fiducia perduta e, per lo più, pensiamo che i responsabili siano gli altri. Donando fiducia, però, è anche possibile riconquistare la fiducia smarrita. Fidandoci degli altri, li incoraggiamo a fidarsi di noi.

Come si riesce, però, ad avere fiducia, per poi fondare fiducia? Posso fidarmi degli altri soltanto se ho una sana fiducia in me stesso e se ho fiducia in Dio. La fiducia in se stessi, la fiducia negli altri e la fiducia in Dio sono collegate. Si sostengono a vicenda.

Ottengo fiducia in me stesso se confido nel fatto che Dio mi accetta in tutto e per tutto. Ciò mi consente, a mia volta, di accettare me stesso. E trovo la fiducia in me stesso se credo che il mio Sé autentico sia un'immagine unica che Dio si è fatto di me. Se sono a contatto con quest'immagine interiore di Dio, sono libero dalla costrizione a volermi far amare da tutti. La fiducia in se stessi non significa allora che sono sicuro di me nel mio modo di pormi. Consiste invece in una libertà interiore. Siccome non dipendo da ciò che la gente pensa di me, ho anche fiducia in me stesso, posso entrare in un gruppo senza paura di quello che diranno di me. E posso fidarmi anche di un amico o di un'amica. Persino se si abusa della mia fiducia, infatti, non crollerò su me stesso. Il fondamento su cui poggio, infatti, che è Dio stesso, continuerà a sorreggere saldamente l'edificio della mia esistenza.

Molti faticano a fidarsi delle persone perché hanno già subito una delusione. Hanno confidato qualcosa a un amico e quello lo racconta ai quattro venti. Ci si è fidati di una fidanzata, nella speranza che si sarebbe sviluppato un percorso comune, e poi lei mi ha lasciato. Avevo pensato che andassimo splendidamente d'accordo. Ma lei dice che non può condividere la sua vita con me. Per questo il nostro amore non sarebbe sufficiente. Chi ha vissuto una delusione del genere fatica ad aprirsi ad un nuovo rapporto d'amicizia o d'amore. Il dolore è stato così grande che non vuole viverlo un'altra volta. Così si chiude, benché, nel suo intimo, aneli all'amicizia. Vorrebbe fidarsi, ma non è più capace di farlo.

Che cosa significa «fidarsi»? La parola «fiducia» è collegata a «fede, fedeltà» e etimologicamente indica anche un patto, una garanzia, qualcosa di certo. Può significare anche: donare fiducia, avere fiducia nelle proprie capacità di fare qualcosa, osare. Fiducia significa avere stabilità, avere un equilibrio interiore. E significa avere un rapporto solido con un'altra persona. Se mi fido di qualcuno, gli sono anche fedele, sto dalla sua parte, gli sto vicino. Il linguaggio, da solo, non ci dice come possiamo imparare la fiducia. Ci indica soltanto la qualità principale della fiducia. La fiducia ha a che fare con la solidità e la fedeltà. Sono ben saldo in me stesso. Sono fedele a me stesso. Garantisco di me. Così sono capace anche di essere fedele all'altro, di donargli fiducia e, al tempo stesso, di trasmettergliela. Se sono ben saldo in me stesso, questo consente anche all'amico a cui sono fedele di imparare a stare ben saldo sulle proprie gambe e a ottenere stabilità.

L'essere capaci o meno di fidarci dipende dalle esperienze della nostra infanzia. La madre ha il compito di trasmettere al figlio una fiducia primordiale. Dà al bambino la sensazione di essere benvenuto su questa terra. Il bambino si sente sorretto dalla madre e al sicuro accanto a lei. Sperimenta un'accettazione incondizionata. Non è solo. Prima o poi il bambino proietta su Dio l'esperienza della madre protettiva. Anche quando la madre non c'è, il bambino sa di essere protetto da una realtà più grande, che, in fondo, corrisponde a Dio.

Anche il padre trasmette fiducia al figlio. Ma è una fiducia diversa. È la fiducia nel senso di scommessa di uscire nel mondo, di assumersi un rischio, di occuparsi di qualcosa, di staccarsi dai genitori e vivere la propria vita. Il padre rafforza il figlio, affinché questi, a schiena dritta, trovi la forza di destreggiarsi nella vita e di farsi una posizione nell'esistenza.

Il bambino ha bisogno di entrambi i tipi di fiducia. E anche l'adulto continuerà a ricercare entrambe le forme di fiducia. A volte desidera profondamente lasciarsi cadere, essere sorretto. È la fiducia materna. L'adulto ne fa l'esperienza nella natura, se si sdraia su un prato e vi abbandona il proprio peso. E ne fa l'esperienza in Dio che, per esempio, lo circonda amorevole nell'aula di una chiesa romanica, simile ad un grembo materno. Tutti, poi, hanno sempre bisogno anche dell'esperienza della fiducia di tipo paterno, per tornare ad arrischiare la propria vita e assumersi la responsabilità per sé e per gli altri.

Non importa quanta fiducia mi abbiano trasmesso mio padre o mia madre, da adulto sono io il responsabile della mia fiducia. Posso lavorare su me stesso per aver fiducia in me e negli altri. Le esperienze dell'infanzia avranno sempre un ruolo nei miei tentativi di avere fiducia. Ma non sono inchiodato all'esperienza del passato. Posso imparare una maggiore fiducia in me stesso distaccandomi da idee esagerate, come se dovessi sempre apparire sicuro di me. Mi concedo di essere come sono, con i miei punti di forza e le mie debolezze. E posso imparare la fiducia verso l'altro dandogli un acconto di fiducia. Quest'acconto, però, non deve essere illimitato. Al contrario, devo percepire come l'altro reagisce alla mia fiducia, se la accetta o ne abusa. La fiducia cresce. La fiducia che regalo a qualcuno alimenta la mia fiducia in lui e la sua fiducia in me. La fiducia ha bisogno anche della fede nel nucleo di bontà presente nell'altro. Credendo al suo nucleo di bontà, faccio sì che per l'altro sia possibile fidarsi di me.

Si può imparare anche la fiducia in Dio? Naturalmente la nostra fiducia in Dio dipende dalle esperienze dell'infanzia. Anche qui, però, non tutto è già predeterminato. Certo, non posso semplicemente decidere che, da oggi in poi, avrò fiducia in Dio. Posso però provarci. Posso, per esempio, ripetermi delle parole della Bibbia e sperimentare che effetto hanno su di me se ci credo davvero. Mi comporto come se fossero vere. Allora può crescere la fiducia. Mi ripeto il versetto del *Sal* 23: «Anche se vado per una valle oscura, non temo alcun male, perché tu sei con me». Le parole, da sole, non generano ancora la fiducia. Se però cerco di guardare le situazioni delle mie esperienze di paura accompagnandole con queste parole, che sovrappongo al timore, può crescere la fiducia. In fondo alla mia anima la fiducia è già presente. Spesso è soltanto sepolta dalle mie paure. La parola del salmo mi porta a contatto con la fiducia già insita in me. E, attraverso la parola, la fiducia si irrobustisce, fino a permeare la mia consapevolezza. Avendo fiducia, si rafforza poco a poco la mia fiducia, la fiducia in me stesso, la fiducia negli altri e la fiducia in Dio.

# Confusione – nel groviglio del caos

*A volte abbiamo quest'impressione: non importa da che parte cominciamo, non riusciamo ad andare avanti.*

*La confusione è come un'acqua agitata. Deve calmarsi, prima che riusciamo a vedere il fondo.*

Oggi, quando parliamo di confusione, pensiamo prima di tutto agli anziani che soffrono di demenza senile e non riescono più a gestire le incombenze quotidiane della loro vita. È qualcosa che, però, riguarda anche i più giovani, una situazione che conosciamo tutti: siamo confusi se, in una discussione, non capiamo più di che cosa si stia parlando, non capiamo più le argomentazioni che ci ronzano continuamente nelle orecchie. Spesso siamo molto disorientati anche quando ci svegliamo all'improvviso e non sappiamo più dove siamo di preciso o che giorno della settimana sia. Questa mancanza di orientamento si verifica, per esempio, quando dormiamo fuori casa, magari in albergo, durante un viaggio, oppure in visita dai parenti. In un primo momento, in casi del genere, non sappiamo dove siamo. Siamo costretti a ricostruire poco a poco: sono in quella data città, in quel dato albergo. E oggi è quel dato giorno, con quei determinati appuntamenti.

Di una persona diciamo anche che fa discorsi sconclusionati. Anche qui non intendiamo un anziano colpito da demenza, ma qualcuno che è senz'altro padrone del suo raziocinio, ma che, nel suo argomentare, fa un grande guazzabuglio. Non riconosciamo il filo del suo racconto o della sua argomentazione. Ciò che l'altro ci racconta ci sembra illogico, poco chiaro, non strutturato. A volte, poi, diciamo anche a proposito di noi stessi: Sono sottosopra. Vogliamo dire: Mi manca un ordine interiore. Mi passano tante cose per la testa, non ci capisco più niente. Non so che cosa mi stia succedendo.

Spesso sono delle esperienze ben precise che ci confondono. Dopo un'esperienza traumatica abbiamo l'impressione di non avere appigli, che ci manchi la terra sotto i piedi. Se la morte ci ha strappato una persona cara, spesso viviamo il lutto come confusione interiore. In una situazione del genere siamo in balìa di un caos di sentimenti. Tutto, dentro di noi, è sottosopra. Non abbiamo più stabilità. Ci sentiamo sballottati tra il dolore, la rabbia e il senso di abbandono. Non riusciamo più a catalogare i sentimenti. Ci sommergono. Ci mettono tanto sottosopra che non riusciamo più a pensare con lucidità.

Spesso associamo la confusione ad un'idea di spazio. Se ci siamo persi in una città, se non capiamo più dove siamo, ci sentiamo confusi. Ma questa può essere anche una metafora dello stato psichico della confusione. Non abbiamo una posizione chiara, una base su cui poggiare. Non sappiamo dove siamo. Non sappiamo che dire, come spiegare la nostra condizione. Tutto è soltanto confuso, buio e per niente chiaro. E non sappiamo da che parte cominciare per sbrogliare il groviglio interiore. Abbiamo quest'impressione: non importa da che parte cominciamo, non riusciamo ad andare avanti, ci impegoliamo in una mancanza di chiarezza sempre maggiore e in un caos emotivo.

La questione è come rapportarsi a questa condizione. *Il primo passo* dovrebbe essere questo: fermarsi semplicemente un attimo. La confusione è come un'acqua agitata. Deve calmarsi, prima che riusciamo a vedere il fondo. Così, prima di tutto, dobbiamo fermarci, perché i tumulti nella nostra anima si plachino. Fermarsi significa: fare silenzio. Il silenzio, infatti, è calma, assenza di attività. Se mi calmo, può farsi chiarezza nella confusione. Non rimugino sui diversi pensieri e sentimenti che vagano nella mia mente. Mi fermo, semplicemente, affinché i sentimenti si plachino e una parte del caos ritrovi un suo ordine.

*Il secondo passo* dovrebbe essere filtrare dalla confusione i singoli sentimenti e frammenti di pensiero ed esaminarli singolarmente, uno a uno. Che cosa vuole dirmi questo o quel sentimento, questo o quel pensiero? Perché affiora dentro di me? Che desiderio profondo vi sta dietro? Se mi soffermo su un pensiero e lo esamino con più attenzione, qualche volta si chiarificano anche le riflessioni che si ricollegano ad esso. I primi monaci descrivevano questa sensazione con una metafora. È come ritrovarsi in mezzo ad uno sciame di mosche. Ma i monaci hanno anche un consiglio per questa situazione: bisogna catturare e affrontare le mosche ad una ad una. Se lo facciamo in una situazione di confusione, piano piano nel nostro pensiero e nel nostro stato d'animo ritorna l'ordine.

# Disperazione – al di là della fiducia

*Se consento alla mia disperazione di esistere, associandola però al contempo al desiderio profondo, questa tensione è in grado di portarmi al Dio inafferrabile.*

*Nella mia disperazione posso soltanto intuire il Dio inafferrabile, come appagamento del mio anelito più profondo.*

La disperazione, dicono i filosofi, è la reazione emotiva al senso di mancanza di prospettive che sperimentiamo. Il filosofo tedesco Josef Pieper definisce la disperazione «anticipazione del non-soddisfacimento». Mi do per vinto. Non credo più ad un appagamento. Tutto è privo di senso, privo di vie d'uscita. Non vedo più un senso nella mia vita. Non ho la minima speranza che la mia vita, prima o poi, possa migliorare. La disperazione è sempre anche mancanza di speranza. È l'idea che esprime la parola latina *desperatio*, assenza di speranza. Lo stato d'animo della disperazione si impadronisce dell'essere umano nella sua totalità. Tutto, per lui, è privo di vie d'uscita. Tutto è buio. Non c'è speranza di un senso o di un miglioramento. Ci si sente in una situazione disperata quando, semplicemente, non c'è modo di uscirne, quando ogni lotta sembra inutile. Non si sa dove si potrebbe cominciare a cambiare qualcosa.

La disperazione si esprime in un grande abbattimento. Ci si sente come paralizzati. E, a volte, la disperazione assomiglia alla depressione. Si vede tutto soltanto attraverso una lente scura, disperata, che non scorge più alcuna speranza da nessuna parte. La disperazione è una sensazione opprimente di mancanza di vie d'uscita e di rassegnazione. È tutto inutile. Non serve a niente. Non c'è speranza. La vita dotata di senso non esiste.

Søren Kierkegaard, filosofo della religione danese, ha scritto a proposito della disperazione e pensa soprattutto al disperare di se stessi. La chiama la «malattia mortale». La disperazione per lui è il «peccato per eccellenza», perché distrugge il mio rapporto con Dio e anche con me stesso. La teologia distingue tra una disperazione della debolezza, che si esprime nell'incapacità di accettare se stessi e di confidare nella vita, e una disperazione della forza, in cui ostento il mio pseudo-eroismo. Dato che dispero di Dio, mi sostituisco a lui. Faccio come se avessi tutto sotto controllo. Ma questa disperazione porta alla perdizione. Prima o poi, infatti, mi scontrerò con i miei limiti.

La disperazione è la sensazione della mancanza di vie d'uscita e di speranza. E dove la speranza è assente, c'è la morte, l'essere pietrificati, la disperazione. Dispero di me stesso. Non ce la farò mai a migliorare, a prendere in mano la mia esistenza. Questa disperazione, all'inizio, si esprime ancora con le lacrime. Prima o poi, però, la disperazione prosciuga il flusso del pianto. Allora resta una disperazione vuota: tutto ciò su cui avevo puntato la mia speranza si è infranto.

Friedrich Nietzsche conosce il sentimento della disperazione. Ritiene però che proprio il disperare di sé e della vita possa diventare sovente il trampolino di lancio per un'esperienza più profonda. Definisce quest'esperienza «mistica». Proprio a Nietzsche si attribuisce la frase: «Dove la disperazione si sposa all'anelito, là è la mistica». Se non resto arenato nella disperazione, ma nemmeno la salto a piè pari, bensì le consento di esistere associandola però al contempo al desiderio profondo, la tensione tra disperazione e anelito è in grado di portarmi a Dio, non ad un Dio che sono capace di possedere, bensì al Dio inafferrabile, che nella mia disperazione posso soltanto intuire come appagamento del mio anelito più profondo.

# Gioia dell'attesa – apertura del cuore

*La gioia dell'attesa non dipende dall'effettivo soddisfacimento del mio desiderio.*

*La gioia dell'attesa trasforma già l'istante presente. Nessuno potrà più portarmi via questa gioia.*

La gioia dell'attesa è un tipo speciale di gioia. I bambini la sentono prima di ogni festa, naturalmente soprattutto prima di Natale. Non vedono l'ora che sia il loro compleanno, che sia Natale, vivono già adesso tutti presi dalla vacanza, anticipandone nella mente i divertimenti. Assaporano la gioia dell'attesa. Sono tutti emozionati per l'avvenimento che appagherà la loro gioia dell'attesa. L'anticipazione trasforma la loro quotidianità, le conferisce tensione. Già nel presente, nei sentimenti sono tutti protesi verso l'evento futuro, che non proietta un'ombra, bensì una luce.

Alcuni pensano che la gioia dell'attesa possa portare soltanto alla delusione. Se, infatti, Natale o il compleanno non vanno come mi ero immaginati, anticipandoli nella mente, ne sono deluso. Allora non riuscirò assolutamente a godermi la festa. Questo, però, vale soltanto per una gioia dell'attesa che ha un'idea molto rigida della festa. Altri, invece, dicono: la gioia dell'attesa non me la può portare via nessuno. Persino se Natale in famiglia non si svolge in maniera ideale, il sentimento gioioso dell'attesa resta mio. E nessuno può guastarmelo. La gioia dell'attesa, infatti, è indipendente dal suo soddisfacimento. Trasforma la mia vita già adesso.

Se attendo con gioia la prossima vacanza, non mi fisso su come debba per forza essere lo svolgimento della vacanza. Forse attendo con gioia i rituali che abbiamo praticato durante l'ultima vacanza: per esempio che, alla sera, dopo una faticosa gita in montagna, ci siamo gustati la preparazione della cena e il pasto in comune, innaffiati da un buon vino rosso. E mi ricordo quanto fosse bello chiudere sempre la cena con un gelato e poi, proprio alla fine della serata, celebrarne la conclusione con un liquore di amarene. La mia gioia dell'attesa, quindi, vive anche dei ricordi dell'ultima vacanza. La prossima non deve per forza svolgersi esattamente nello stesso modo. Del resto, non sono io che decido che tempo farà. Il paesaggio sarà un altro, la pensione sarà diversa. Nonostante tutto, però, assaporo già con molto anticipo i giorni di riposo. So che riuscirò a lasciarmi alle spalle, per un po', tutte le preoccupazioni e ad abbandonarmi, semplicemente, alle passeggiate in montagna, godendomi i momenti in comune con i miei fratelli e le mie sorelle. Soltanto se la gioia dell'attesa si fissa su determinate esperienze sarò deluso se in quel periodo pioverà. E pure se dovesse capitare che il maltempo mandi all'aria i progetti di camminate, la gioia dell'attesa c'è stata comunque. Ha occupato i miei pensieri per settimane e, prima della vacanza, mi ha dato energia quando ero stanco. La gioia dell'attesa può aprirmi a gustarmi davvero la vacanza. Mi piace ricordare come abbiamo festeggiato l'anno scorso. E quindi torno ad aprirmi alla festa. La festa, però, non deve per forza svolgersi esattamente come un anno fa. Siamo tutti cambiati. Festeggiamo accompagnati da ciò che, in quel momento, attraversa i nostri pensieri e le nostre emozioni. La gioia dell'attesa, però, apre il nostro cuore ai momenti passati insieme alla sera, all'assaporare il pranzo o la cena in comune.

Quando cuciniamo, già durante la preparazione sale la gioia per il cibo. Quando prepariamo la valigia, siamo animati dall'aspettativa di sentire, in vacanza, un modo tutto diverso di vivere. Quando qualcuno ha detto che mi verrà a trovare, sento la gioia di rivedere l'amico o l'amica dopo tanto tempo, di trascorrere una bella sera con lei o con lui, dello scambio di idee. La gioia dell'attesa mi impedisce di registrare la visita nel catalogo della solita *routine*. Mi apre interiormente, così che percepisco il carattere speciale della situazione, saluto l'altro in maniera consapevole e mi apro tutto all'incontro. La gioia dell'attesa, quindi, fa già parte delle gioie più belle, perché ci rende capaci di assaporare, una volta che si è sciolta la tensione dell'attesa, quello che l'attesa gioiosa ha scatenato, per poi gioire davvero e intensamente.

# Ira e collera – dominare, non essere dominati

*Sfruttare l'ira per agire in maniera energica è qualcosa di completamente diverso dal lasciarsene trasportare e dominare.*

L'ira è una passione emotiva elementare, oltre che una forma di aggressività. L'aggressività fa parte dell'esistenza ed è un'energia vitale importante. Inizialmente, quindi, non indica nulla di negativo, perché l'aggressività vuole regolare il rapporto tra intimità e distanza. Se divento aggressivo, è sempre un indizio che qualcuno è andato oltre una linea di demarcazione che mi protegge. L'aggressività dovrebbe spingermi a difendere il mio senso del limite. L'ira, però, è un'emozione violentissima. La provo se qualcuno sorpassa la linea di demarcazione che mi protegge. E l'ira può portarmi addirittura ad uccidere colui che l'ha provocata. È quello che sta già scritto nell'*Iliade* del grande poeta greco Omero: l'eroe Achille viene colto da ira funesta quando Ettore uccide il suo amico Patroclo. L'ira scatena una sorta di follia in Achille, conferendogli forze sovrumane.

Affine all'ira è la collera. Anch'essa è un'emozione violenta. La psicologia, però, la definisce un'«emozione primitiva». La collera è cieca, esplosiva e incontrollata. Può indirizzarsi con violenza anche verso cose inanimate. Il bambino picchia incollerito l'angolo del tavolo contro cui ha battuto. L'ira, invece, è diretta soltanto verso le persone. L'ira è la forza di agire contro quelle persone. L'ira, però, può provocare nell'essere umano un'eccitazione tanto violenta che egli supera ogni misura ed eccede nell'azione contro gli altri, arrivando persino, appunto, ad uccidere.

La Bibbia parla del «sacro furore». Dio si adira quando gli uomini peccano e si allontanano da lui. È un'ira nota anche a Gesù. Quando aggredisce i venditori con una frusta di cordicelle e li scaccia indignato e ardente d'ira dal Tempio, buttandoli fuori nel vero senso della parola, ricorda ai discepoli la frase del *Sal* 69: «Lo zelo per la tua casa mi divorerà» (*Gv* 2,17). E, in un'altra occasione, si ricorda che Gesù guarda adirato i farisei che vogliono impedirgli di guarire un malato di sabato. «[Li guardò] tutt'intorno con indignazione, rattristato per la durezza dei loro cuori» (*Mc* 3,5). Gesù non si mette a gridare. Non esplode. Non si lascia nemmeno trascinare dall'ira. L'ira, invece, è la forza di opporsi ai farisei, di non farsi contagiare e condizionare dalla durezza dei loro cuori. L'ira è la forza di fare ciò che Gesù ritiene giusto: dice all'uomo con la mano paralizzata: «Tendi la mano!». L'ira qui è un'emozione che porta Gesù a contatto con la sua forza, che, in fondo, è forza divina.

L'ira può farci infuriare a tal punto da indurci a commettere cose di cui poi ci pentiamo. È un'emozione così violenta da riuscire ad annebbiarci la ragione e a metterla fuori uso. Allora non nuoce soltanto al nostro prossimo, alla persona contro cui, pieni d'ira, scagliamo le nostre parole oppure, addirittura, se abbiamo sotto mano le armi adatte, frecce o pallottole, ma anche a noi stessi. L'ira provata da Gesù lo porta a prendere le distanze dai farisei e a compiere ciò che ritiene giusto. Anche per noi vale: se sentiamo dentro di noi un'ira violenta, è sempre un segno che l'altro ha oltrepassato un limite. Non dobbiamo reprimere l'ira, ma nemmeno lasciarci da essa dominare al punto che la nostra ragione sia fuori uso. L'ira è invece un segno che dovremmo gestire in maniera adeguata la nostra aggressività. Ciò che dovremmo fare è o segnare meglio la linea di demarcazione o rimettere gli altri al proprio posto. Dovremmo farlo, però, in chiarezza e libertà. L'ira dovrebbe trasformarsi in una fonte di energia da cui attingiamo e non in un'emozione incontrollabile che ci fa smarrire il nostro equilibrio. Sfruttare l'ira per agire in maniera energica è qualcosa di completamente diverso dal lasciarsene trasportare e dominare. Allora la nostra ira può trasformarsi in un «sacro furore», che è benefico per le persone. Gesù ci ha dato l'esempio di come gestire la nostra ira: dovremmo trasformarla in una forza che protegge la vita e lotta per essa.

# Ottimismo –
# la fiducia si sposa alla speranza

*L'ottimismo è la convinzione che ci aspetta un futuro positivo e che vale la pena lavorare per realizzarlo.*

L'ottimismo guarda al futuro pieno di speranza e di fiducia. In un'epoca in cui, a fronte di reali difficoltà e problemi complessi, non soltanto si diffondono sempre di più rassegnazione e scontento, ma anche veggenti e profeti di sventura vanno di moda, uniti nell'evocare un futuro apocalittico, abbiamo un acuto bisogno dell'emozione dell'ottimismo. Le profezie che prevedono la fine del mondo hanno grande risonanza ai nostri giorni. Naturalmente nessuno può garantire che il nostro mondo mantenga ancora a lungo il suo equilibrio e sopravviva alla follia umana. Il gusto di profetizzare la rovina, però, la dice più lunga sulla psiche degli autoproclamatisi profeti che sulla realtà del nostro mondo. Dato che queste persone percepiscono la propria vita come una catastrofe e, inconsciamente, nutrono il desiderio che questa vita fallimentare finisca il prima possibile, proiettano la loro situazione sul mondo intero e ne aspettano la fine – il più in fretta possibile. La loro distruttività interiore si esprime nel fatto che immaginano la fine del mondo in uno scenario a colori molto vividi. Dato che oggi è molto diffusa la paura del futuro, falsi profeti del genere toccano una corda sensibile nell'animo umano, acquisendo così potere su molte persone timorose.

Allora ci sarebbe bisogno dell'atteggiamento dell'ottimismo e della fiducia nelle nostre capacità. Nell'espressione «guardare al futuro con ottimismo» troviamo l'idea dello sguardo: seguire con gli occhi ciò che accade. Nell'ottica spirituale, quest'atteggiamento significa quindi che osservo come Dio guidi e piloti ogni cosa, come mandi i suoi angeli affinché questo mondo non sia abbandonato alla sventura, ma affinché tutto volga al meglio. Con questo ottimismo non mi lascio scuotere dalle prognosi pessimistiche. Non vedo però nemmeno tutto rosa, per sfuggire alla realtà. Non mi illudo sulle condizioni del mondo. Mi rendo conto di come stanno le cose. Ma non getto la spugna. So, infatti, che questo mondo è nelle mani di Dio, che gli uomini non hanno il potere ultimo sul mondo. L'ottimismo vede più di quanto è effettivamente presente. Vede più dei problemi che decidono i titoli dei mezzi di comunicazione. Oltre alle cose esteriori, vede la realtà più intima di tutte le cose, vede in fondo ad esse. Ha fiducia negli angeli di Dio che ci accompagnano in questo mondo e tengono la loro mano protettiva sul nostro paese e sulla nostra terra; proprio questa visione delle cose gli dà la forza per plasmare in maniera attiva e creativa la nostra vita e il nostro mondo.

L'ottimismo si sposa alla fiducia e alla speranza. Se qualcuno è pieno di ottimismo, parla anche con fiducia del futuro. Ha una visione ottimistica di ciò che ci attende. L'ottimismo, quindi, è la convinzione che ci aspetta un futuro positivo e che vale la pena lavorare per realizzarlo. Che si accompagni all'idea di guardare avanti rafforza anche il mio atteggiamento verso il mondo: ho gli occhi aperti e non vado alla cieca verso il futuro. Vedo però ciò che mi attende anche sullo sfondo di ciò che è stato, rafforzo quindi la mia fiducia anche a partire da ciò che ho visto finora.

La parola tedesca *Zuversicht*, ottimismo, fiducia nel futuro, è composta da tre elementi. Prima di tutto c'è *Sicht*, la vista, il guardare. L'ottimismo richiede una visione realistica delle cose. Il prefisso *ver-* corrisponde ai prefissi latini *pro-* e *per-*: è un guardare *per* gli altri. Guardo bene, al posto di tutti quelli che hanno ancora gli occhi chiusi. E non mi fermo alla superficie. La attraverso con lo sguardo e vedo più in profondità – il mio sguardo va in fondo alle cose.

Stranamente, a questo prefisso se ne aggiunge un altro, *zu-*, ovvero l'orientamento ad una meta, ad un tempo o ad un evento futuro. Guardo per raggiungere una meta, ma per raggiungerla non da solo, bensì insieme agli altri. L'ottimismo, quindi, è un'emozione che non solo ci dona fiducia in noi stessi e nel nostro valore, ma contagia anche gli altri e ci fa puntare insieme ad un obiettivo, che di certo raggiungeremo.

# *Postfazione*

Abbiamo esaminato varie emozioni. E abbiamo constatato che le emozioni sono una potente fonte di energia. Ci motivano a mettere mano alle cose. Ci danno la forza di darci da fare per qualcosa, con passione. Le emozioni, però, possono anche causare in noi un'agitazione violenta, senza per questo essere orientate ad un obiettivo preciso e concreto. Possono dominarci. Allora non sono più una sorgente di energia che fa da motore, bensì un potere che domina noi e vincola le nostre energie psichiche. Possono causarci un turbamento così grande che la vista si offusca e noi non sappiamo più che cosa pensare e che cosa dovremmo fare.

Nell'analisi delle varie emozioni ci siamo resi conto più volte della loro ambivalenza. Se diventino per noi una forza che ci dona energia o se invece ci paralizzino dipende da noi, dal nostro rapporto con esse. Con ogni emozione il punto era sempre prenderla in esame, avviare un dialogo con essa, interrogarsi sul motivo e sul senso della sua esistenza, riflettendo, infine, su come l'emozione possa diventare una forza positiva per la nostra esistenza.

L'altro significato importante dell'emozione è che ci mette in relazione con gli altri. Ciò che sentiamo nella nostra anima ed esprimiamo all'esterno crea un legame con gli altri. Chi recide il collegamento con le sue emozioni, diventa incapace di instaurare una risonanza emotiva con un'altra persona. Forse avrà molti contatti, ma nessuna relazione autentica. La consapevolezza delle proprie emozioni e la familiarità con esse apre il nostro cuore a quello degli altri. Il cuore, infatti, non è mai puramente razionale. È sempre ricolmo di emozioni. Percependo le nostre emozioni ci apriamo all'altro e se percepiamo l'altro con le sue emozioni entriamo in contatto con la sua persona. L'incontro con la persona dell'altro, infatti, non avviene tanto nelle argomentazioni razionali che espone nel dialogo con noi, bensì nei sentimenti che ci dimostra. Sono un accesso alla nostra persona. Al centro dell'interesse, quando sono in ballo delle emozioni, ci siamo sempre noi e la nostra forma unica che è stata plasmata dalla nostra personalissima biografia. E c'è sempre il rapporto con l'altro. Se consentiamo alle nostre emozioni di esistere e le manifestiamo all'altro, si viene a formare una risonanza, una sinfonia delle emozioni, delle nostre insieme a quelle delle persone con cui parliamo, che incontriamo.

La riflessione sulle nostre emozioni ci impedisce di diventare dei «sentimentali», gente il cui unico motore sono le emozioni e di cui non ci si può fidare. L'analisi delle emozioni e il dialogo con esse ci porta a poter percepire i nostri sentimenti come sorgente di energia e come capacità di vero incontro con gli altri. Una riflessione del genere ci rende in grado di essere noi ad avere delle emozioni e non viceversa. Se le gestiamo in maniera attiva, si trasformano davvero in una benedizione per noi e per l'incontro con gli altri. Allora ci rendono capaci di convivere con gli altri in maniera umana, di un incontro contrassegnato da amore e umanità, calore e vicinanza emotiva.

# *Bibliografia*

KAST, VERENA, *Freude, Inspiration, Hoffnung,* München 1997.

LUZ, ULRICH, *Evangelium nach Matthäus*, Zürich - Neukirchen 1985-1995 [trad. it., *Il vangelo di Matteo*, Paideia, Brescia 2006-2013].

RAHNER, KARL, *Reue*, in *Sacramentum Mundi* IV, Freiburg i. Br. 1968, 300-306 [trad. it., *Pentimento*, in *Sacramentum mundi: enciclopedia teologica*, Morcelliana, Brescia 1976, VI, 336-343].

# *Piccola guida alle emozioni*

# *Indice*

## ANSELM GRÜN presso la Queriniana

Collana *MEDITAZIONI*

**Il cielo comincia in te**
**L'attualità della sapienza dei Padri del deserto**
7ª edizione – pagg. 200 – ISBN 978-88-399-1540-5

**Arrivederci in cielo**
12ª edizione – pagg. 64 – ISBN 978-88-399-1545-0

**Natale – celebrare un nuovo inizio. Festa tra i tempi**
4ª edizione – pagg. 256 – ISBN 978-88-399-1547-4

**50 angeli per accompagnarti durante l'anno**
**Breve trattato di spiritualità quotidiana**
8ª edizione – pagg. 256 – ISBN 978-88-399-1549-8

**Se avessi un solo giorno ancora da vivere**
5ª edizione – pagg. 64 – ISBN 978-88-399-2233-5

**Vivere il Natale**
8ª edizione – pagg. 60 – ISBN 978-88-399-2236-6

**Gustare la gioia pasquale. 50 provocazioni**
3ª edizione – pagg. 208 – ISBN 978-88-399-2237-3

**La via della Croce**
5ª edizione – pagg. 56 – ISBN 978-88-399-2239-7

**Vivere la Pasqua**
5ª edizione – pagg. 56 – ISBN 978-88-399-2240-3

**Ciascuno cerca il suo angelo**
4ª edizione – pagg. 200 – ISBN 978-88-399-2241-0

**L'amicizia**
5ª edizione – pagg. 48 – ISBN 978-88-399-2243-4

**Ti ho chiamato per nome. Per l'onomastico**
2ª edizione – pagg. 48 – ISBN 978-88-399-2244-1

**50 angeli per l'anima**
4ª edizione – pagg. 256 – ISBN 978-88-399-2245-8

**La via del deserto. 40 detti dei Padri del deserto**
4ª edizione – pagg. 152 – ISBN 978-88-399-2248-9

## Anselm Grün presso la Queriniana

**Nella morte la vita**
3ª edizione – pagg. 136 – ISBN 978-88-399-2249-6

**Le feste di Maria come guide di vita**
**Una prospettiva ecumenica**
pagg. 128 – ISBN 978-88-399-2251-9

**Terapia dei pensieri**
7ª edizione – pagg. 112 – ISBN 978-88-399-2252-6

**Scoprire i Santi per la nostra vita**
2ª edizione – pagg. 272 – ISBN 978-88-399-2254-0

**Il breve libro dell'amicizia**
3ª edizione – pagg. 120 – ISBN 978-88-399-2255-7

**Prega e lavora. Una regola di vita cristiana**
2ª edizione – pagg. 152 – ISBN 978-88-399-2257-1

**Apri il tuo cuore all'amore**
3ª edizione – pagg. 72 – ISBN 978-88-399-2264-9

**Il piccolo libro del piacere di vivere**
3ª edizione – pagg. 168 – ISBN 978-88-399-2265-6

**A ogni giorno la sua benedizione**
**Preghiere del mattino e della sera**
**per i sette giorni della settimana**
2ª edizione – pagg. 116 – ISBN 978-88-399-2269-4

**Tu sei una benedizione**
3ª edizione – pagg. 104 – ISBN 978-88-399-2270-0

**Ogni giorno un passo verso la felicità**
3ª edizione – pagg. 136 – ISBN 978-88-399-2271-7

**Il piccolo libro della vita buona**
2ª edizione – pagg. 240 – ISBN 978-88-399-2274-8

**Non preoccuparti – sii in armonia**
2ª edizione – pagg. 136 – ISBN 978-88-399-2281-6

**Donami un cuore aperto. Preghiere**
pagg. 136 – ISBN 978-88-399-2282-3

## Anselm Grün presso la Queriniana

**Quando ti invoco, rispondimi**
**Salmi, che accompagnano la mia vita**
pagg. 168 – ISBN 978-88-399-2283-0

**La meraviglia dell'attimo**
2ª edizione – pagg. 64 – ISBN 978-88-399-2284-7

**I gesti della preghiera**
pagg. 112 – ISBN 978-88-399-2285-4

**Sette passi nella vita**
**Le parole di Gesù sulla croce – aprirsi alla Pasqua**
pagg. 160 – ISBN 978-88-399-2287-8

**Auguri per un felice matrimonio**
2ª edizione – pagg. 128 – ISBN 978-88-399-2288-5

**La meraviglia dell'amore**
pagg. 88 – ISBN 978-88-399-2290-8

**Salute del corpo e dell'anima**
pagg. 168 – ISBN 978-88-399-2292-2

**Elogio dell'*otium* – Dignità del tempo libero**
pagg. 64 – ISBN 978-88-399-2293-9

**Invito alla vita buona**
pagg. 192 – ISBN 978-88-399-2295-3

**Angeli del Natale**
pagg. 128 – ISBN 978-88-399-2296-0

**Momenti di felicità quotidiana**
pagg. 184 – ISBN 978-88-399-2298-4

**Osa il nuovo inizio**
pagg. 120 – ISBN 978-88-399-2299-1

**Piccola scuola delle emozioni**
**Come i sentimenti possono infonderci vitalità**
pagg. 216 – ISBN 978-88-399-2300-4